MEMORIAS DE UN ESTADISTA

FRASES Y ESCRITOS EN CORRESPONDENCIA

COLECCIÓN CUBA Y SUS JUECES

EDICIONES UNIVERSAL, Miami, Florida, 2005

CARLOS MÁRQUEZ-STERLING

MEMORIAS DE UN ESTADISTA

FRASES Y ESCRITOS EN CORRESPONDENCIA

Edición de Manuel Márquez-Sterling

Copyright © 2005 by Manuel Márquez-Sterling

———

Primera edición, 2005

EDICIONES UNIVERSAL
P.O. Box 450353 (Shenandoah Station)
Miami, FL 33245-0353. USA
Tel: (305) 642-3234   Fax: (305) 642-7978
e-mail: ediciones@ediciones.com
http://www.ediciones.com

Library of Congress Catalog Card No.: 2005926057
I.S.B.N.: 1-59388-051-0

Diseño de la cubierta: Carolina Márquez-Sterling
Diseño final cubiertas: Luis García Fresquet

Todos los derechos
son reservados. Ninguna parte de
este libro puede ser reproducida o transmitida
en ninguna forma o por ningún medio electrónico o mecánico,
incluyendo fotocopiadoras, grabadoras o sistemas computarizados,
sin el permiso por escrito del autor, excepto en el caso de
breves citas incorporadas en artículos críticos o en
revistas. Para obtener información diríjase a
Ediciones Universal.

Para Cuba siempre en pie...

Carlos Márquez-Sterling

Dr. Carlos Márquez-Sterling
Presidente de la Asamblea Constituyente de 1940. Congresista de 1936-1946.
Presidente de la Cámara de Representantes, 1936, 1941. Ministro del Trabajo
y Educación en 1941 y 1942. Profesor de Economía Política, Facultad de
Ciencias Comerciales de la Universidad de La Habana,
y Candidato a la Presidencia de Cuba en 1958.

ÍNDICE

Carlos Márquez-Sterling: Colección de papeles personales,
Esperanza Bravo de Varona 9

Prólogo: Carlos Márquez-Sterling: trayectoria y legado,
Néstor Carbonell Cortina 11

I   Carlos Márquez Sterling (1898-1991) 23

II   Las grandes frases lapidarias de
Carlos Márquez-Sterling: 1958-1991 33

III   Destellos de una vida fructífera 39

IV   La Cruzada de 1958 73

V   «El Exilio: un período opaco, chato, y sanguinario» ... 135

VI   Semblanzas e Instantáneas 173

VII   El Futuro 203

Índice Onomástico 215

Momento en que se presenta a Marquez-Sterling la pluma de oro con que se firmó la Constitución de 1940. La pluma fue costea con las contribuciones de los escolares cubanos. Más tarde fue donada al Museo Nacional.

CARLOS MÁRQUEZ-STERLING
COLECCIÓN DE PAPELES PERSONALES
1960-1987

Esperanza Bravo de Varona, Directora
"Cuban Heritage Collection"

La Colección de la Herencia Cubana de la Biblioteca Otto G. Richter de la Universidad de Miami se siente muy honrada por haber sido escogida por su hijo, el profesor Manuel Márquez-Sterling, destacado escritor, como depositaria de la magnífica colección de los papeles personales de Carlos Márquez-Sterling, cubano ejemplar, prominente abogado, profesor, político, escritor, historiador y periodista de la Cuba republicana, presidente de la Asamblea Constituyente de la República de Cuba en 1940 y luchador incansable por unir todas las fuerzas anticastristas exiliadas en distintos países motivada por la tiranía feroz imperante en Cuba desde 1959.

La mayor parte de la colección está formada por correspondencia manuscrita y mecanografiada, recibida o enviada por Carlos Márquez-Sterling, sus cartas con un estilo sencillo, pero de un gran valor conceptual, tarjetas postales, manuscritos de libros inéditos, impresos de convocatorias a distintas reuniones y asambleas, invitaciones y programas de distintos eventos, algunas fotografías y recortes de periódicos. Todo este material, alrededor de 17,575 hojas, agrupados en 233 carpetas dentro de ocho cajas cuya medida longitudinal es de un pie lineal cada una, se encuentra en el Departamento de la Colección de la Herencia Cubana de la Biblioteca Otto G. Richter de la Universidad de Miami.

En la primera caja encontramos los manuscritos de dos de sus libros inéditos: *Historia de Puerto Rico* y la *Biografía de Winston Churchill*. Correspondencia de la década de 1960 con presidentes latinoamericanos, José López Portillo, Presidente de Méjico, Joaquín Balaguer, Presidente de la República Dominicana; artículos escritos por otros autores cubanos y manuscritos de entrevistas con Márquez

Sterling; correspondencia y transcripciones de programas de radio y televisión y recortes de periódicos.

En las siguientes cajas se incluye correspondencia con figuras políticas y personalidades de la Cuba republicana y del exilio que reflejan su constante trabajo por producir la unidad de todos los cubanos exiliados para poder restablecer la verdadera democracia en Cuba. Aquí encontramos cartas de Joaquín Martínez Sáenz, Carlos Prío Socarrás, Fulgencio Batista Zaldívar, Manuel Urrutia Lleó, Antonio Varona, Rafael Guas Inclán, Orestes Ferrara, Guillermo Alonso Pujol, José Miró Cardona, Santiago Rey Pernas, Antonio Martínez Fraga, Pepín Bosh, Gastón Godoy, Néstor Carbonell, Jorge García Montes, José Manuel Cortina, y otras muchas personalidades que se distinguieron en Cuba y en el exilio. Correspondencia con periodistas distinguidos como José Ignacio Rivero, Arturo Alfonso Roselló, Sergio Carbó, Horacio Aguirre, director del *Diario Las Américas*, con grandes figuras literarias, como Juan J. Remos, Gastón Baquero, José Manuel Cortina, Eugenio Florit, Octavio R. Costa y otros ensayistas, poetas y escritores.

En estas cajas también se incluye importante correspondencia y documentos con organizaciones patrióticas del exilio, entre las que podemos citar, el *Movimiento Patriótico Cuba Libre*, del que fue delegado general, con el *Comité Gestor del Agrupamiento Cívico*, y con importantes figuras de la política internacional y estadounidense entre las que podemos citar al presidente de EE.UU., Ronald Reagan, los embajadores Spruille Braden, perteneciente al.*U.S. Citizens Comité for a Free Cuba, Inc.*, Earl T. Smith, Henry Kissinger, Otilio Ulate, ex presidente de Costa Rica, Manuel Prado, ex presidente del Perú, Guillermo Sevilla Sacasa, embajador de Nicaragua en EE.UU. y otros muchos. En esta colección también se encuentran Referéndums y gestiones con líderes mundiales, Konrad Adenauer, Charles DeGaulle y otros estadistas También podemos encontrar invitaciones, programas y discursos ofrecidos por Márquez Sterling en distintos eventos celebrados en el exilio.

Esta excelente colección se preservará y será debidamente procesada para que sirva de magnífica fuente de información a estudiantes, profesores, eruditos e investigadores interesados en nuestra historia y nuestra cultura.

PRÓLOGO

CARLOS MÁRQUEZ-STERLING: TRAYECTORIA Y LEGADO

Por Néstor Carbonell Cortina

Manuel Márquez-Sterling, amigo entrañable quien con luces propias y raigal cubanía hace honor a sus ilustres apellidos, me ha confiado el prólogo de este libro.

Acaso influyó en su decisión los estrechos lazos que a lo largo de muchos años han unido a varias generaciones de nuestras familias: en las luchas por la independencia, en la edificación de la República, en las labores periodísticas y culturales, en la Convención Constituyente de 1940, en las lides parlamentarias, en la fundación del Partido del Pueblo Libre en 1958 con el noble pero infructuoso propósito de evitar la tragedia que sobrevino, y en los esfuerzos en el destierro por impulsar la liberación de Cuba.

Acepté esta encomienda no sólo por los antecedentes que acabo de apuntar, sino también por la importancia del libro que me enaltece prologar. Se trata de las memorias extraídas de parte de la correspondencia en el exilio de Carlos Márquez-Sterling, en la que sobresale, con genuina espontaneidad y sin retoques cosméticos, el pensamiento íntimo del estadista.

Muy acertado el trabajo de Manuel, seleccionando con perspicacia los fragmentos más relevantes de la correspondencia, hilvanándolos con pericia y encuadrándolos con perspectiva histórica. Y muy loable su iniciativa, porque no habiéndose escrito todavía la biografía de Carlos Márquez-Sterling, este epistolario es lo que más nos acerca a su intimidad, es decir, a sus ideas, a sus sentimientos, a su carácter y a su conciencia.

Como bien señala su hijo, Márquez-Sterling era un hombre reservado, y en lo que respecta a sus grandes decisiones políticas, solitario. En momentos de crisis, solía «empijamarse», no para rehuir los retos, sino para meditar a solas antes de encararlos. Sus publicaciones poco nos hablan de su persona. Pero las cartas privadas recogidas en este libro –ricas en el anecdotario– nos abren una ventana a sus vicisitudes e interioridades.

Poliédrica y fascinante fue la vida de Carlos Márquez-Sterling como abogado, jurisconsulto, catedrático, periodista, escritor, historiador, biógrafo, parlamentario, conferencista, gran señor de la amistad sin dobleces, de la cultura sin petulancia y del patriotismo sin afectación. Pero la arista de su trayectoria y personalidad que más lo caracteriza y exalta es su condición de estadista.

¿Qué es un estadista, y qué lo separa y distingue de un político? Alguien dijo que el político piensa en la próxima elección y el estadista en la próxima generación. La afirmación es quizás simplista, pero tiene algo de verdad. Porque el estadista, sin descuidar su elección, tiene un horizonte más amplio que el político, un conocimiento de la ciencia del estado más profundo, una misión cívica más trascendente, y una visión del porvenir más clara.

El estadista se adelanta al futuro previéndolo. Al atisbar el peligro, el reto o la oportunidad en embrión, se eleva a gran altura para dimensionar sus implicaciones y trazar la estrategia adecuada. Y luego aterriza en el campo de las realidades para alertar, persuadir, coordinar y ejecutar.

En el desempeño de sus funciones públicas, el estadista despunta como arquitecto de las instituciones que le dan solidez y permanencia a la república. Asimismo, sobresale como gran conciliador, serenando las pasiones y extrayendo del seno mismo de las controversias partidistas, transacciones honorables en beneficio del país.

Mas es en tiempos de grave crisis nacional que el estadista demuestra su verdadera talla, como vidente que ve más lejos que otros, como líder que advierte a tiempo el peligro y no se repliega o amilana ante la adversidad, y como patriota que, con alteza de miras, sacrifica el bienestar personal para tratar de salvar a su pueblo de una catástrofe, o para ayudarlo a recobrar su albedrío y dignidad.

Estas cualidades, que tipifican y ennoblecen al estadista, se manifiestan a lo largo de la vida pública de Carlos Márquez-Sterling, pero sobre todo en tres etapas que él evoca en su epistolario y que yo trataré de perfilar en este prólogo: la presidencia de la Convención Constituyente de 1940, la fundación del Partido del Pueblo Libre en 1958, y la lucha posterior en el exilio hasta su muerte.

Convención Constituyente de 1940

La Convención Constituyente de 1940 puso fin a una década de convulsiones revolucionarias, inestabilidad política e inseguridad jurídica. Tras el «pacto de conciliación» entre los principales líderes políticos, propiciado en 1939 por el entonces presidente de la República, Federico Laredo Bru, se pudo convocar a una Convención Constituyente. Los comicios para elegir delegados a la Convención se celebraron con absoluta transparencia y honestidad, sin injerencia extraña ni presiones domésticas. Triunfaron los partidos de oposición, y éstos eligieron al Dr. Ramón Grau San Martín presidente de esa magna asamblea.

Bajo la presidencia de Grau, los delegados, representando a todos los partidos políticos, ideologías y corrientes de opinión en el país, expresaron sus ideas libremente, con brillantez casi siempre, elegancia y decoro. Pero los debates, intensos y electrizantes, se hicieron interminables. Pasaron casi dos meses, y sólo se habían aprobado parcialmente cuatro de los títulos de la Constitución que se estaba elaborando.

En esa situación, y tras un viraje político del general Mario García Menocal y su partido, Grau pierde la mayoría en la Convención y decide dimitir. Los partidos de gobierno, ahora en mayoría, le proponen la presidencia a José Manuel Cortina, pero éste la declina para poder continuar liderando la Comisión Coordinadora y apoyando sus principales ponencias en las sesiones plenarias. Propone Cortina en su lugar, como candidato transaccional, a Carlos Márquez-Sterling, quien es elegido presidente de la Convención.

Estelar y decisiva fue la actuación de Márquez-Sterling, demostrando sus dotes de conciliador y estadista. Como miembro de la Cámara de Representantes varias veces y presidente de ese cuerpo colegislador en 1936, él había adquirido un dominio de la técnica parlamentaria. Le ayudaba también su vasta cultura, su certera dialéctica, su destreza para atemperar pasiones y zanjar controversias, y su limpia ejecutoria acorde con la histórica misión a él encomendada.

En el ejercicio de su autoridad, sin aspereza pero con carácter, Márquez-Sterling logró que se le confiriese a la Comisión Coordinadora la potestad de armonizar, en lo posible, las diversas propuestas constitucionales, y someter la ponencia final consensuada a la consideración de la asamblea para discutirla y aprobarla por capítulos. Asimismo, recibió un voto de confianza, previa modificación del reglamento, para fijar la duración de los turnos a favor y en contra en los debates. Fue así que Márquez-Sterling pudo agilizar las sesiones y completar la ardua y delicada tarea constituyente en el plazo establecido de tres meses.

Interesa destacar su donaire y «savoir faire» en la presidencia de la Convención: respetuoso de la diversidad de criterios, pero firme en el cumplimiento de las reglas; elevado y justo en sus decisiones, preciso y agudo en sus réplicas. Sus salidas ingeniosas y frases ocurrentes, que hacían recordar los chispazos de su mentor Orestes Ferrara, sirvieron para disipar las tensiones, moderar la invectiva y desinflar la hipérbole. Veamos un intercambio recogido en mi libro *«Grandes Debates de la Constituyente Cubana de 1940»*.

> Al discutirse una enmienda a la moratoria hipotecaria presentada por el convencional Quintín George, éste plantea la suspensión del debate para que se aclarasen conceptos relevantes de otra enmienda presentada a última hora. Objeta el delegado Santiago Rey por entender que el debate se alargaba innecesariamente, y el presidente de la Convención, Carlos Márquez-Sterling, le da la razón al Dr. Rey y le pide a Quintín George que se concrete a su enmienda sin interrumpir la discusión.
> El señor George, visiblemente irritado, se remonta hasta la Revolución Francesa para impugnar, con dramático acento, la decisión presidencial: «... A la presidencia quiero recordar una frase histórica dicha por Camilo Desmoulins junto a Dantón cuando los llevaban a ser decapitados. Trataron de abrazarse en presencia del verdugo y éste se los impidió violentamente. Entonces [Desmoulins] le dijo: 'Quieres ser más cruel que la muerte, pero nada podrá impedir que nuestras cabezas se besen

en el cesto'. No sea la presidencia más cruel que los impacientes autores de [esta] malhadada... [enmienda]; más cruel que el propio proyecto de moratoria [hipotecaria]».

Sin titubear, replica Márquez-Sterling: «La presidencia le da la razón ahora al señor George en relación con la explicación que ha hecho acerca de la disposición [transitoria] tercera. En lo único que no le da la razón es en que la cabeza del señor Rey y la del señor George se besen en el cesto...»

Bajo la acertada dirección de Márquez-Sterling, los convencionales de 1940 le dieron a Cuba una Carta Magna democrática, equilibrada y justa, que concilia la libertad individual y los derechos sociales. Si bien la Constitución incorporó (a veces en demasía) las conquistas sociales y laborales que emanaron principalmente de la Revolución de 1933, ella estableció también, como contrapeso, una vasta gama de derechos individuales («Bill of Rights») para proteger al ciudadano contra la intervención abusiva del estado. Asimismo, la Carta de 1940 fue pionera del sistema semi-parlamentario, adoptado posteriormente por otros países con diversas modalidades para evitar los efectos desestabilizadores del parlamentarismo desenfrenado.

Con honda satisfacción y legítimo orgullo, Márquez-Sterling firmó la Carta en Guáimaro y la promulgó en la escalinata del Capitolio Nacional el 15 de julio de 1940. Siguió así la trayectoria insigne de sus mayores, que él evocara, conmovido, en carta dirigida en el exilio a Juan J. Remos: «Nunca me sentiré cansado para luchar por Cuba, a la que quiero entrañablemente, seguramente porque por mis venas corre mucha sangre mambisa: la de Carlos Mola, que fue ministro con Céspedes; la de Domingo Guiral, que fuera su secretario íntimo en la guerra; la de mi tío Enrique Mola, agramontista fervoroso, héroe del cafetal González y del rescate de Sanguily; y por último las de los dos Manueles Márquez: uno plenipotenciario de Céspedes en el Perú, y el otro, uno de nuestros más grandes diplomáticos, firmante de la abrogación de la Enmienda Platt...»

Fundación del Partido del Pueblo Libre

Bajo la égida de la Carta Magna de 1940, Cuba avanzó, entre aciertos y errores, en su desarrollo económico, político y social. En cumplimiento de los preceptos constitucionales, se aprobaron leyes complementarias muy beneficiosas, como las que crearon el Banco Nacional, el Banco de Fomento Agrícola e Industrial y el Tribunal de Cuentas. Mas no todo fue Jauja y progreso en la Perla de las Antillas. Al país lo azotaron ráfagas intermitentes de gangsterismo político y corrupción administrativa. Pero eso no justificó el malhadado golpe militar del 10 de marzo de 1952, que vino a quebrantar el orden constitucional y a polarizar la nación.

Durante el septenio de Batista (1952-1958), la oposición se dividió en tres bandos: los electoralistas, partidarios de una salida por medio del sufragio; los abstencionistas, que se inclinaron al retraimiento por no lograr, como condición previa, la renuncia o «decapitación» de Batista, y los abanderados de la acción armada. Por el lado del gobierno, pugnaron dos tendencias: los «tanquistas», que plantearon la línea dura sin hacer concesiones, y los moderados, que favorecieron un entendimiento con la oposición.

Hubo varios intentos de superar, por vías pacíficas, la grave crisis por la que atravesaba el país, desde el «Diálogo Cívico» en 1956 y la Comisión Interparlamentaria en 1957, hasta la mediación de la Iglesia en 1958. Pero estos esfuerzos no fructificaron. Las voces equilibradas, partidarias de llegar a una transacción honorable en beneficio de Cuba, fueron ahogadas por los gritos estridentes de quienes exigían «todo o nada». Como resultado de este impasse político, se produjo el péndulo sangriento del terror y el contra-terror.

Fidel Castro, encuevado en las montañas de Oriente desde fines de 1956, comienza a figurar como símbolo de la insurrección. Radio Rebelde magnifica sus hazañas, y las loas con tono de epopeya que le dedica Herbert Matthews en el *New York Times* le dan credibilidad y relieve internacional. Es así que Castro va imponiendo su voluntad desde la Sierra Maestra e incumpliendo pactos unitarios con otros dirigentes de la oposición que confiaron en él o que creyeron poder manipularlo.

Carlos Márquez-Sterling no cayó en esa trampa. Estadista en cuerpo y alma, vio más lejos que otros. Y no sólo vio, sino denunció, desafió, arriesgó y actuó. Ante la negativa del Partido Ortodoxo, al que pertenecía Márquez-Sterling, de abandonar la tesis insurreccional o abstencionista, él funda en 1958 el Partido del Pueblo Libre para abogar por una salida electoral. Lo acompañan otros líderes civilistas y democráticos, entre los que se encontraba mi padre, Néstor Carbonell Andricaín, vicepresidente del nuevo Partido.

Mucho le preocupaba a Márquez-Sterling un triunfo insurreccional con Castro a la cabeza, no ya por sus antecedentes gangsteriles en la etapa universitaria, sino por sus nexos con el comunismo internacional, afianzados durante su exilio en México. Por eso decide Márquez-Sterling aceptar el reto de concurrir, como candidato presidencial, a las elecciones generales que habrían de celebrarse en noviembre de 1958.

Ante la posibilidad de un fraude electoral perpetrado por el gobierno, Márquez-Sterling se esfuerza en movilizar a la ciudadanía, sabiendo que no hay «cambiazo» que resista el oleaje de un pueblo alerta, erguido e indignado. En señal de desprendimiento y buena fe, promete, de ser electo, presidir un gobierno de transición por sólo dos años, y celebrar después elecciones generales sin figurar como candidato en esos comicios.

En su campaña, trata afanosamente de despertar las conciencias aletargadas o confundidas con esta tersa admonición: «Tenemos que superar la dictadura de Batista sin caer en la tiranía de Fidel Castro». [Su] revolución no puede ser buena, ni puede traernos, si triunfa, más que miseria, comunismo, desafuero...»

En lugar de las balas, que podrían llegar a derribar la República, plantea Márquez-Sterling, al igual que el líder del Partido Auténtico inscrito, Ramón Grau San Martín, la urgente necesidad de esgrimir el arma cívica del voto. A los miopes abstencionistas les recuerda esta advertencia martiana: «El alivio más inmediato a los males políticos está en que los ciudadanos cultos, que hoy hacen gala de mantenerse lejos de las urnas, voten. Si desdeñan hoy el ejercicio de sus derechos de dueños, tendrán mañana... que postrarse ante un tirano...»

El estadista Márquez-Sterling anticipó y denunció la vil estafa que Castro y el comunismo fraguaban. Asimismo, trató patrióticamente de evitarla, afrontando con dignidad y denuedo las calumnias venenosas de quienes lo acusaron de haberse vendido al gobierno, así como los tres atentados contra su vida que perpetraron agentes de la traición en cierne.

La tercera fuerza política que Márquez-Sterling y otros trataron de crear, frente al continuismo del régimen de Batista y al totalitarismo encubierto de Castro, chocó contra dos obstáculos insalvables. Primero, el estado de mendacidad contagiosa y terror difuso sembrado por Castro y sus secuaces para que gran parte de la población no acudiera a las urnas. Esto lo lograron, ya que más de la mitad de los electores no votó. La otra gran barrera que, por falta de apoyo decisivo de la ciudadanía, no pudo superarse, fue la artimaña de los «tanquistas» del gobierno empeñados en ganar a toda costa. Aunque no se pudieron auditar los resultados de las elecciones, los informes iniciales antes del «cambiazo» le daban el triunfo a Márquez-Sterling.

Lo que sobrevino es bien conocido, aunque no debidamente profundizado. El candidato presidencial del gobierno, Andrés Rivero Agüero, no pudo tomar posesión del cargo. Batista, presionado por el Departamento de Estado norteamericano (bajo la influencia de funcionarios del «cuarto piso»), abandonó sorpresivamente el país la madrugada del 1° de enero de 1959. El ejército, desmoralizado y acéfalo, se rindió incondicionalmente. El pueblo, bajo un estado de histeria colectiva, le entregó su suerte a un falso redentor, que no ha sido más que su implacable carcelero.

¿Qué hubiera acontecido de haber llegado Márquez-Sterling a la presidencia en ese momento crítico de nuestra historia? No hay nada más aventurado, y poco fiable, que especular sobre lo que pudo ser y no fue. Pero lo que le comentó Fidel Castro al embajador Julio Amoedo de la Argentina cuando volaban juntos a Buenos Aires en 1960 para asistir a una conferencia económica (pasaje citado en este libro), tiene gran significación. Dijo Castro: «Nosotros nunca nos fijamos en los demás adversarios nuestros. Era a Márquez a quien le temíamos. Si él hubiera ganado, yo no estaría aquí volando con usted».

Lucha en el Exilio

Acosado por el régimen de Castro desde su llegada al poder, Márquez-Sterling se asila en la embajada de Venezuela en julio de 1959, y después se dirige a los Estados Unidos, donde permanece como exiliado militante hasta su muerte treinta y dos años después.

Sufre en el destierro no sólo los duros azares del desarraigo, sino también la pena lacerante del secuestro de Cuba y de la imposibilidad de rescatarla. Su epistolario en el destierro nos hace evocar estos pensamientos que atormentaron en el siglo XIX a otro insigne exiliado cubano, el «estadista sin estado», José Antonio Saco: «Amar a la patria y gozar de sus delicias es una felicidad; amarla y no poder vivir en ella es una desgracia. Verla esclavizada y tener la esperanza de redimirla es un consuelo; verla gemir entre cadenas y no ser dado romperlas es el más cruel de los tormentos».

Márquez-Sterling no cayó en un estado de inactiva depresión. Se sobrepuso al trauma del expatriado, y luchó sin tregua hasta el final de sus días. Los primeros planes para liberar a Cuba no le inspiraron confianza, pero se abstuvo de criticarlos para no crear divisiones. Tras el fracaso de la operación de Bahía de Cochinos y el desenlace de la Crisis de los Cohetes con el pacto Kennedy-Krushef, que implícitamente consagró la inviolabilidad del régimen de Castro, Márquez-Sterling funda unos 80 Clubes Patrióticos en diversas ciudades de los Estados Unidos. Inspirado en el ejemplo martiano, trata de galvanizar a núcleos importantes de exiliados, de vigorizar su militancia y coordinar sus esfuerzos por encima de las tendencias partidistas.

En 1964, Márquez-Sterling constituye, en unión del ex presidente de Cuba Carlos Prío Socarrás y otras personalidades, el Comité por la Liberación para encauzar la iniciativa de un gobierno en el exilio. El objetivo no era vegetar bajo esa sombrilla, ostentando cargos ilusorios y títulos pomposos. El propósito que perseguían era unificar el exilio, representarlo jurídicamente ante los gobiernos y organismo internacionales, y concertar las alianzas necesarias para lograr la liberación de Cuba. A juicio de los proponentes, sin el reconocimiento de un gobierno en el exilio, la ayuda extranjera requerida, si llegase, estaría sujeta a humillante dependencia y desesperante frustración.

Este proyecto lo intentaron en 1961 (después de Girón) Rafael Díaz Balart y otros, con el apoyo del congresista Victor L. Anfuso. Y lo promovimos infructuosamente, poco antes de la Crisis de los Cohetes, Manuel Antonio («Tony») de Varona y el que estas líneas escribe, con el respaldo del senador demócrata de la Florida, George Smathers.

Había precedentes de reconocimiento por parte de los Estados Unidos de gobiernos en el exilio (técnicamente llamados «de facto beligerantes»), incluyendo el caso del Consejo Nacional Checoeslovaco, al cual Washington en 1914 revistió de autoridad para dirigir los asuntos militares y políticos de los checoeslovacos en el exilio. A pesar de éste y otros precedentes, Washington denegó nuestra solicitud, alegando que no existía un estado de guerra con Cuba. La verdadera razón era que el gobierno de Estados Unidos no quería comprometerse a una política de liberación. Deseaba mantener una estrategia de aislamiento poroso, sin descartar la posibilidad de un entendimiento con el régimen de Castro.

La iniciativa de Márquez-Sterling y otros, sin embargo, parecía más factible que los anteriores intentos por tres razones. Primero, porque ante la flagrante intervención militar y subversiva de la tiranía cubana en Venezuela, la OEA la había condenado en 1964 y le había impuesto sanciones diplomáticas y económicas. La segunda razón era que el nuevo gobierno de Brasil, representado por su prominente canciller, Vasco Leitao da Cunha, calorizaba la idea de un gobierno cubano en el exilio y estaba inclinado a reconocerlo. Y la tercera razón era que Thomas Mann, quien como secretario de estado adjunto dirigía entonces la política de Estados Unidos hacia la América Latina, no parecía oponerse a esta iniciativa con paternidad brasileña.

En su epistolario, Márquez-Sterling recuenta con lujo de detalles sus enormes esfuerzos para que este importante proyecto cristalizara. Pero las circunstancias cambiaron y las rivalidades entre los líderes del exilio acabaron por minar y liquidar el plan. Se perdió así una magnífica oportunidad para darle dirección, consistencia y respaldo contundente a la lucha enquistada.

A fin de mantenerse a flote en el exilio (ya que carecía de recursos económicos), Márquez-Sterling enseñó como profesor de literatura hispanoamericana y española en el Post College de Long Island. Desde su modesto apartamento en Manhattan, tenía que tomar varios trenes para llegar al College. Asimismo, dictó conferencias en otras universidades y consideró la posibilidad de revalidar su título de abogado para fundar un bufete en el destierro. Pero, como le expresó a uno de sus íntimos, «por Cuba, cuando llegue la hora, lo doy todo».

No cesó de escribir artículos y libros, incluyendo uno de historia de Cuba con su hijo Manuel. Nunca le negó su apoyo a todo esfuerzo serio en pro de la libertad de su patria. Disertó, orientó y estimuló a los exiliados para que no abandonaran la lucha. Pero no se dejó llevar por quimeras y espejismos. Sin perder la esperanza, fue siempre realista, y, como se refleja en el siguiente párrafo de una carta que le dirigiera a mi padre, mantuvo afilada su sutil ironía. «Te escribo el 10 de octubre, día de la patria, en que Carlos Manuel de Céspedes agitó a los cubanos, sin pensar en Castro, porque de seguro se hubiera quedado con Tacón...»

En su largo y doloroso exilio sufrió quebrantos, pero no abatimiento. Se sintió a veces derrotado, pero no vencido. Estadistas de su calibre, patriotas de su raigambre, caen abrazados al ideal, pero no se rinden.

¿Qué nos deja Márquez-Sterling como legado? Siguiendo la estela de sus ilustres antepasados, nos deja huellas imborrables de su cultura y talento como escritor, de su brillante, honesta y previsora trayectoria como hombre público, y de su acendrado amor a Cuba y su libertad.

En el magnífico prólogo a mi tesis sobre el Espíritu de la Constitución de 1940 que él generosamente me obsequiara, Carlos sintetizó en tres párrafos un vibrante mensaje, cuasi testamentario, centrado en dos de sus grandes devociones: Martí y la Carta Magna de 1940. Veamos lo que nos dice:

> «Fue necesario que José Martí se inmolara gloriosamente en Dos Ríos para que a partir de aquel instante tremendo se comprendiera a plenitud su vida, su obra y sus grandes sacrificios».

> «Con la Constitución de 1940 ha sucedido algo parecido. Se precisó el desconocimiento de sus mandatos, la traición y el ultraje de su contenido para que los cubanos, una vez que ha dejado de regir en nuestra patria, tuvieran conciencia de que

eran poseedores de una de las leyes más fundamentales de estos tiempos».

«Tal vez sea por eso que nuestro Apóstol y la Ley Fundamental de 1940 se mencionen tanto y resulten en nuestro triste y amargo destierro dos puntos luminosos hacia los cuales vuelven los cubanos sus ojos cargados de esperanzas en esta lucha por la nueva independencia de la patria».

Fallece Carlos Márquez-Sterling en Miami, en 1991, con el hondo pesar de no ver el final del despotismo y el renacer de su amada Cuba en libertad. Sí, murió triste, pero con la conciencia tranquila. Cerró los ojos y, como diría Martí, alzó el vuelo con las alas limpias.

I

CARLOS MÁRQUEZ-STERLING

1898-1991

Debido a la carrera diplomática de su padre, la niñez de Márquez-Sterling trascurrió en las embajadas y legaciones de muchos países del hemisferio. Esta foto fue tomada en Lima, Perú, en 1911, con motivo de su primera comunión cuando don Manuel Márquez-Sterling representaba a Cuba en ese país.

Carlos Márquez-Sterling

1898-1991

Carlos Márquez-Sterling y Guiral nació en la ciudad de Camagüey el 8 de septiembre de 1898. Sus progenitores, desde 1868, se habían identificado con la causa de la libertad de Cuba. Su abuelo Manuel representó a la República en Armas en el Perú, en 1872. Su tío abuelo, Adolfo Márquez-Sterling fue gran amigo de Martí y director de varios rotativos que combatieron el dominio de España. Su padre Don Manuel Márquez-Sterling, brevemente presidente provisional de Cuba por substitución constitucional en 1934, fue un brillante periodista y diplomático que se distinguió por su tenaz defensa de la soberanía de Cuba frente a la Enmienda Platt. A él le tocó conducir las negociaciones de su abrogación en Washington, en 1934.

Debido a la carrera diplomática de su padre, la educación primaria y parte de la secundaria de Márquez-Sterling se llevaron a cabo en colegios de Camagüey, La Habana y el extranjero. Esto, sin embargo, no le impidió graduarse en el Instituto Provincial de Camagüey en 1915 sin tener aun la edad requerida. En 1920 Márquez-Sterling se graduó con los títulos de Doctor en Derecho Civil, y Licenciado en Derecho Público de la Universidad de La Habana. Su expediente en la misma fue uno de los más brillantes de su curso.

Poco después pasó a ejercer su carrera de abogado en el famoso bufete de Orestes Ferrara, posición que desempeñó hasta tener que salir al extranjero por la dictadura de Gerardo Machado. Al regresar a su patria después del derrocamiento de Machado abrió su propio bufete, se hizo Notario Público, y se especializó en asuntos de legislación azucarera llegando a ser consejero legal de varios centrales azucareros, entre los que se contaban los de Amazonas, en Las Villas, Limones en Matanzas y Najasa en Camagüey.

La formación y educación política de Márquez-Sterling comenzó muy temprano como reportero congresional del periódico «La Nación», al final de la presidencia del general Mario García Menocal, y más tarde como Director de la Oficina Panamericana del State Department (EE.UU) en La Habana. Esto le permitió asistir a varios congresos interamericanos con el rango de representante plenipotenciario y ganar amplia experiencia en asuntos internacionales.

Parlamentario, y polemista y conciliador a la vez, Márquez-Sterling fue electo varias veces a la Cámara de Representantes la que presidió en el difícil año de 1936 y más tarde de 1941 a 1942. Durante sus años en la Cámara Márquez-Sterling elaboró, presentó y logró la aprobación de leyes que beneficiaron a las clases trabajadoras y menos pudientes.

En 1936, al oponerse enérgicamente a la destitución del presidente Miguel Mariano Gómez, Márquez-Sterling, en protesta, renunció a la presidencia de ese cuerpo siendo objeto de fuertes ataques verbales y hasta físicos por parte de personeros de las fuerzas armadas. Un capitán del ejército, por cuenta propia, como se pudo comprobar después, allanó su residencia pretendiendo darle un «palmacristazo», según se hacía en la Italia fascista con los opositores de Mussolini. Este atentado se vio frustrado por la oportuna intervención de la corresponsal del New York Times quien avisada por el congresista Carlos Frayle, se presentó en la residencia de Márquez-Sterling. Enterado del incidente el jefe del ejercito, Fulgencio Batista, condenó el inconsulto y extemporáneo acto ofreciéndole a Márquez-Sterling satisfacciones personales y públicas.

En 1939 Márquez-Sterling fue electo Delegado a la Convención Constituyente de 1940 por la provincia de La Habana en la boleta del Partido Acción Republicana. Al caer de la presidencia de la asamblea, el Dr. Ramón Grau San Martín, Márquez-Sterling fue electo presidente de la misma. Al frente de una asamblea que andaba a la deriva en constantes impasses de anarquía demagógica y a punto de fracasar, Márquez-Sterling la supo sacar adelante y terminar sus sesiones en el período de tiempo delimitado por el Congreso de la República. Esta brillante actuación hizo de Márquez-Sterling una figura nacional admirada, respetada, y popular. Y por esto también se le consideró como a uno de los arquitectos de la nueva república democrática surgida en 1940.

Al ser electo Batista presidente en 1940, Márquez-Sterling como miembro de la coalición de partidos que lo habían apoyado fue designado para desempeñar la cartera del Ministerio de Trabajo en el gabinete del nuevo presidente. En este cargo se distinguió por su actuación progresista y su honradez. Bajo su égida se elaboró la ley del descanso retribuido y se resolvieron más de 70 huelgas de los obreros ferrocarrileros, los marmolistas de la construcción y las de los tranvías y ómnibus. Muchos de estos trabajadores se hallaban encarcelados sin causa legítima. Márquez-Sterling exigió que se les pusiera a todos en libertad y que se les concedieran indemnizaciones a aquellos que injustamente guardaban prisión a lo que accedió el presidente Batista. Quince días más tarde todas las huelgas quedaban resueltas.

También le tocó a Márquez-Sterling desempeñar la cartera de Educación a la que pronto renunció por encontrarse allí con una inveterada corrupción administrativa a la cual apadrinaban poderosas fuerzas políticas y con las cuales no quería contemporizar. Su renuncia marcó su alejamiento definitivo de la coalición gobernante del presidente Batista. Al llegar las elecciones presidenciales de 1944, Ramón Grau San Martín, el candidato presidencial del Partido Revolucionario Cubano «Auténtico», le ofreció la postulación de vicepresidente la que Márquez-Sterling declinó aduciendo que él nunca había militado en las filas del autenticismo. En 1946 al cesar como representante Márquez-Sterling también dejó el Partido Liberal para ingresar luego, en 1948, en el Ortodoxo por invitación de Eduardo Chibás, su fundador, mas sin aceptar postulación para cargo electivo alguno. El golpe militar de Batista en 1952 lo sorprendió como candidato a una senaduría por la provincia de La Habana en la boleta del partido de Chibás. Las últimas encuestas llevadas a cabo unos días antes del golpe indicaron que Márquez-Sterling iba a ser electo por un número de votos nunca antes registrados en las elecciones cubanas.

A lo largo de todo el difícil y turbulento período de 1952 a 1959, y especialmente al llegar las elecciones presidenciales de 1958 Márquez-Sterling tenazmente sostuvo que la restauración de la democracia cubana debía resolverse de forma pacífica y con un compromiso nacional por medio de las urnas electorales. Márquez-Sterling entendía que fomentar una revolución, especialmente liderada por Fidel Castro en las circunstancias existentes en aquella época podían, «traer la anarquía y desembocar en una dictadura de tipo totalitario que Cuba nunca antes había experimentado».

Los propósitos pacíficos de Márquez-Sterling fueron acre y violentamente combatidos por las fuerzas políticas que preconizaban resolver la crisis cubana por el abstencionismo electoral y la violencia revolucionaria. Márquez-Sterling fue objeto de varios atentados contra su vida, pero esto no le arredró en sus propósitos de servir de transición pacífica al impasse nacional por las vías electorales. A estos fines fundó el Partido del Pueblo Libre en 1957 para presentarse de candidato a la presidencia en las elecciones de 1958, elecciones que se habían convocado estableciendo todas las garantías constitucionales prescritas por la Constitución del 40 y que Batista anunció a la nación que iban a ser tan honradas como las de 1944.

La oposición revolucionaria abstencionista acaudillada ahora por Castro rechazó de antemano concurrir a las elecciones y no aceptar sus resultados, «aun si estas fueran honradas», demostrando así que en realidad no estaba interesada en sacar a la República de su crisis sino derrotar y proceder a castigar a Batista y sus partidarios por el golpe de marzo de 1952. Tampoco aceptaron la oferta de Márquez-Sterling de gobernar por dos años y celebrar nuevas elecciones presidenciales en las cuales él no se presentaría de candidato como formula transicional con Batista ya fuera del poder. La política de los revolucionarios de todo rechazo a una solución pacífica electoral, sus violentos ataques perpetrados contra muchos de los candidatos y activistas electorales, y sus amenazas de ametrallar a las filas de votantes el día de las elecciones era precisamente lo que los intransigentes o «tanquistas» del gobierno querían, pues les dejaba el camino abierto para robarse las elecciones. La gran ironía de aquel momento histórico era que los intransigentes de ambos bandos aunque por motivos diferentes convergían, sin embargo, en el propósito de destruir el proceso de unas elecciones honradas. Era evidente que Castro y los revolucionarios no querían que la ecuación Batista-Castro se rompiera, ya que la victoria de un candidato oposicionista como Márquez-Sterling, habría de cambiar totalmente el cuadro político existente invalidando los argumentos revolucionarios.

Pero no fue así. Batista estaba ciego y con el escamoteo y el burdo fraude electoral del 3 de noviembre de 1958 lo único que había logrado era sellar definitivamente la victoria de Castro. Con esto la República de Cuba fundada en 1902 había fenecido el 3 de noviembre de

1958. Dos meses después, en enero de 1959, Castro entraba en La Habana para enterrar sus restos.

Al ocupar el poder Fidel Castro en 1959 una de sus primeras medidas fue la destrucción de los records electorales para evitar que Márquez-Sterling pudiera probar ante los tribunales electorales su victoria en los comicios de 1958. Con esta acción Castro se protegía de que surgiera en Cuba una oposición a su régimen por un partido y un líder al que se le había escamoteado su legítima victoria. Hecho esto el nuevo régimen trató falsamente de involucrar a Márquez-Sterling en una conspiración contrarrevolucionaria lo que le obligó a buscar asilo en la embajada de Venezuela pasando luego al exilio en los Estados Unidos. En este país Márquez-Sterling se entregó incansablemente a fomentar la unidad de todos los grupos de exiliados opuestos al régimen de Castro y en estas tareas le sorprendió la muerte en Miami en 1991. Sus últimos años los pasó felizmente rodeado de su esposa sus hijos y nietos, y con la satisfacción moral de siempre haber servido, con la modestia que le era característica, a los mejores intereses de sus compatriotas y su amada Cuba a la que nunca, ni por un instante, olvidó

Además de todas sus actividades en el foro y en las lides políticas Carlos Márquez-Sterling fue también profesor de la Universidad de La Habana, un notable periodista, escritor, y un brillante historiador. Entre sus múltiples obras figuran las biografías de «Agramonte, El Bayardo de la Revolución Cubana» [1935], de «Don Tomás Estrada Palma» [1953], ambas premios nacionales de literatura y la de José Martí [1942], que más tarde, en el exilio, enriqueció con varias ediciones. Así mismo es notable su "Historia de Cuba: Desde Colón a Castro» [1963] publicada también en el exilio. También dejó terminadas pero inéditas una biografía de Winston Churchill y una Historia de Puerto Rico.

La larga y fructífera vida de Carlos Márquez-Sterling enriqueció toda una época en la historia y la vida pública de Cuba en el siglo XX. Se ha dicho por los que siguieron su vida que su mejor hora fue cuando le tocó presidir exitosamente la Constitución de 1940 en circunstancias tan difíciles. Otros apuntan que muchas veces los hombres públicos alcanzan su mejor hora no en sus triunfos sino en sus derrotas. Si esto es así, Márquez-Sterling llegó a ella durante su campaña electoral de 1958 cuando a brazo partido, y casi solo, trató de salvar a Cuba del horror en que le ha tocado vivir durante las últimas cuatro décadas. Nadie lo vio tan claro.

Se puede decir que Carlos Márquez-Sterling en su vida pública tendió a ser un solitario. Las grandes decisiones que hiciera en su carrera política fueron el resultado de largas meditaciones a solas consigo mismo y con sus instintos, a los cuales solía prestarles seria atención. Esto, sin embargo, no quiere decir que no tuviera amigos que gozaran de su intimidad y que no oyera o siguiera sus consejos. Amigos íntimos los tuvo y éstos le duraron toda su vida de lo cual siempre se enorgullecía

Cuando se le veía llegar a su hogar con el ceño fruncido y «enfundarse en el pijama» y encerrarse por unos días en su hogar, sin siquiera contestar las llamadas de teléfono, se sabía que se trataba de algo muy serio. De más está decir que esto redundaba en la desesperación de secretarios, hijos, y familiares que tenían que hacerle frente a las demandas de los que por teléfono, o a las puertas de su casa, querían verle y hablarle. En esos días de «pijamas» sus ordenes eran terminantes: «No estoy para nadie». Sin embargo, a veces, cuando preguntaba quien era el que había llamado, o venido a visitarle decía con enojo: «¡Pero chico por qué no me lo dijiste!

Hombre de costumbres modestas y sencillas Márquez-Sterling siempre consideró un honor y un deber natural el servir a su pueblo y a su patria en las posiciones que le tocó desempeñar. En los años 30 no era infrecuente, como cualquier otro ciudadano, verle dirigirse en tranvía y con su periódico debajo del brazo a las sesiones de la Cámara de Representantes. Orgulloso de su prosapia mambisa jamás hizo alardes públicos de la misma para propósitos políticos. A sus hijos siempre les decía que los hombres valían no por lo que otros le habían dejado sino por lo que ellos, por sí mismos, lograban alcanzar.

A la condición de solitario Márquez-Sterling añadía la de ser muy reservado en cuanto al por qué o las razones de decisiones tomadas en su pasado político. Al final de sus días mucho se le rogó, sin éxito, para que escribiera sus memorias, y siempre encontraba evasivas o posposiciones para aquellos que con una grabadora en la mano querían aprisionar en las cintas magnéticas sus recuerdos y experiencias. Las reflexiones que de su vida por fin hiciera frente a las cámaras de la serie, «Que los Quiero Conocer» de Miguel Pando de la Florida International University se pueden considerar como una excepción. Así en las cartas de su colección que en esta sección se incluyen, ahora depositadas en la «Cuban Heritage Collection» de la Universidad de Miami, que tan fervorosamente regentea su directora la Dra. Esperanza B. de Varona, con la dedicada ayuda de Lesbia O. Varona, se encuentran varias interesantes revelaciones sobre aspectos de su vida pública que el que escribe estas líneas, y que gozaba de su más íntima confianza nunca supo hasta leer su correspondencia en el exilio.

Como se puede apreciar en este epistolario, y muy en especial en esta sección biográfica, Carlos Márquez-Sterling, además de su profundo amor y dedicación a sus hijos y familiares, tuvo dos verdaderas pasiones en su vida: su padre Don Manuel Márquez-Sterling, a quien veneraba, y Cuba, a la cual aprendió a amar y honrar de sus labios y a través de sus acciones.

La mayoría de los detalles personales de la vida de Márquez-Sterling que se encuentran en la selección de cartas que aquí se incluyen son, a nuestro entender, desconocidos o ya olvidados, pues las personas que participaron en los incidentes relatados por él ya no existen. Se ofrecen aquí para aquellos biógrafos que se interesen por ir más allá del estudio de sus logros políticos y literarios y poder ofrecer a las generaciones cubanas del futuro una completa y humana visión de su fructífera vida.

Hombre de Estado, que por su constante preocupación por los destinos de su patria, a la que amaba entrañablemente, supo, con la intensa mirada de su intelecto, predecir su catastrófico futuro.

II

LAS GRANDES FRASES LAPIDARIAS

DE

CARLOS MÁRQUEZ-STERLING

1958-1991

Carlos Márquez-Sterling en atuendo formal para el desempeño de una función oficial como presidente de la Cámara de Representantes que presidió en dos ocasiones, en 1936 y 1941-42.

INTRODUCCIÓN

Se ha dicho que mientras el político es el arquitecto de hacer lo que es posible en el presente el estadista, en cambio, es el avizor de lo posible en el futuro. Si esto es cierto, no hay dudas de que como José Antonio Saco en el siglo XIX Carlos Márquez-Sterling fue uno de los estadistas más agudos y completos que Cuba produjo en su tormentoso siglo XX.

Las predicciones de Márquez-Sterling acerca de la verdadera naturaleza del movimiento de Fidel Castro en los años cincuenta, de sus llamadas a sus compatriotas para que no tomaran el camino revolucionario para resolver la crisis cubana, de lo que le sucedería a nuestra patria si Batista se robaba las elecciones, y de la catástrofe que el triunfo de la revolución representaría para Cuba resultaron escalofriantemente ciertas. Y como Saco un siglo anterior, su voz resonó solitaria en el desierto de las desbocadas pasiones estériles que impelieron a los cubanos al desastre de 1959.

En el destierro su escudriñante visión también no dejó de posarse sobre la naturaleza del exilio cubano, de sus figuras y sus divisionismos y hacia donde se marchaba. Muchas de sus conclusiones al respecto volvieron otra vez a ser verdades amargas que vio comprobadas en su vida y otras, hechas a plazo más largo que él sabía que no podría ver se han ido también cumpliendo.

A continuación se incluye una breve selección de sus frases lapidarias. Las primeras seis fueron pronunciadas o escritas en Cuba durante el año de 1958 cuando él luchaba por lograr una solución pacífica y constitucional que evitara a toda costa el triunfo de Castro. La mayoría de las restantes se hallan contenidas en el presente epistolario.

En Cuba: 1958

1. Tenemos que salir de la dictadura de Batista sin caer en los riesgos de la tiranía de Castro que éste ya viene preparando desde la Sierra Maestra. 1958.

2. Ni el gobierno de Batista ni la sangre derramada por los nuevos caudillos perniciosos serán la solución correcta del grave problema cubano, y sólo unas elecciones libres, con todas las garantías ofrecidas por la Constitución del 40 podrán devolver la paz a Cuba. 1958.

3. Una revolución sólo podrá traer la anarquía y desembocar en una dictadura de tipo totalitario que Cuba nunca antes ha experimentado. 1958.

4. Yo creo que estamos en presencia de una conspiración muy vasta contra las instituciones democráticas de Cuba. 1958.

5. Si triunfa Fidel Castro después que Batista se robe las elecciones, tendremos gobiernos totalitarios y oposiciones errantes y clandestinas, lejos de nuestro bendito suelo. 1958.

En el Exilio: 1959-1991

6. Todos los cubanos saben, aunque muchos no quieran reconocerlo, ...que si nuestro triunfo en las urnas de 1958 hubiera sido reconocido, no habríamos sido gobernados jamás por Fidel Castro y sus comunistas. 1962.

7. Castro torpedeó siempre el régimen electoral para brincar por encima de las instituciones. 1963.

8. Nuestros problemas se hubieran resuelto con un cambio de gobierno, no con un cambio de régimen. 1963.

9. Espero que algún día mis compatriotas me hagan justicia y reconozcan que yo no engañé ni me equivoqué con Fidel Castro. 1963.

10. Los pueblos necesitan orientaciones y el hombre que las siente o las presiente las debe decir a riesgo de tener que esperar por el transcurso del tiempo para que le den la razón. 1963.

11. [En el exilio] mientras más salvadores haya, más lejos de regresar estamos. 1963.

12. La nueva independencia de Cuba está en razón inversa de los grupos, y en razón directa de su unidad. 1963.

13. En el exilio no se aspira a tener nación, sino a tener una jefatura. 1963.

14. Sólo una gran indignación de los cubanos, robados, maltratados, apaleados, perseguidos, burlados y utilizados de carne de cañón, podrá crear la nueva mentalidad que nos devuelva la patria y el honor de ser cubanos. 1963.

15. El amor entre los cubanos que entraña el culto a la nación ha desaparecido hace muchos años. 1963

16. Los decididos y arriesgados votantes que fueron a votar [en 1958] votaron sólidamente con un ferviente deseo de ponerle fin al régimen de Batista y por supuesto para evitar la llegada de Castro. 1964.

17. Hay que darse cuenta de que Castro no triunfó hasta que la elección naufragó... y que los americanos no le dijeron a Batista que se fuera hasta que pasó la elección. 1964.

18. El que aspira al poder para usarlo en su provecho tiene necesariamente que empezar a matar enseguida. 1964.

19. Los americanos considerando a Cuba un foco peligroso para la chispa que encienda una nueva guerra mundial, han controlado [nuestras] relaciones con el interior de Cuba. 1967.

20. La oposición revolucionaria jamás quiso otra fórmula que la decapitación absoluta y definitiva del general Batista, en castigo por el golpe del 10 de marzo. 1967.

21. El cubano es grande en todo. En todo menos en política. 1969.

22. Fidel ha encontrado servidores donde pensábamos que no había esa clase de asesinos. 1969.

23. Nunca me sentiré cansado para luchar por Cuba a la que quiero entrañablemente. 1969.

24. Fidel es sólo él un régimen que habrá de desaparecer con él o sin él. 1971.

25. Mi opinión sobre las clases pudientes en Cuba es que nunca tuvieron sentido de clase. 1971.

26. La nación cubana en el destierro debía ser una realidad activa y dinámica, no una coexistencia pasiva. 1973.

27. ¡Qué vengan a dirigir los que no dejan dirigir!, pero, ¿dónde están? 1973.

28. Eso de que «todos nos equivocamos» no deja de ser una defensa de todos aquellos que se equivocaron. 1974.

29. Los gobiernos de Estados Unidos son tan culpables como el que más de la comunización de la Isla, por haber ayudado a Castro a tomar el poder y haber abandonado la causa de la democracia en Cuba, tanto en Girón como en la crisis de los cohetes. 1983.

III

DESTELLOS DE UNA VIDA FRUCTÍFERA

Yo soy cubano, como Ud., probablemente sabrá, y ocupé en mi país altas posiciones, siendo candidato a la presidencia en el año de 1958. Además, presidí la Cámara, y la Convención Constituyente de 1940, y fui responsable, en escala mayor de la aprobación de esa carta fundamental, derogada por los comunistas, en enero de 1959.

Carlos Márquez-Sterling
Miami, Enero 1, 1982
Al Sr. D. Baltasar Corrada
Washington D.C.

Carlos Márquez-Sterling poco después de su graduación con los títulos de Doctor en Derecho Civil y Licenciado en Derecho Público de la Universidad de La Habana en 1920.

INTRODUCCIÓN

La tradicional y legendaria ciudad de Camagüey fue la cuna de Márquez-Sterling y en ella transcurrieron los primeros años de su infancia, los cuales a veces se veían interrumpidos por tener que viajar a La Habana, o al extranjero, acompañando a su padre quien, además del periodismo, ejercía la diplomacia. Fue también en Camagüey donde, antes de radicarse en La Habana, se graduara de Bachiller sin tener aun la edad mínima requerida.

Camagüey tuvo una gran influencia en la formación de su personalidad. Si es verdad que lo telúrico contribuye a la formación del carácter de los humanos esto se hizo cierto en Márquez-Sterling. Se ha dicho que los nacidos en las llanuras, donde no existen grandes valladares, y en las que parece que nunca se alcanza el siempre retrocediente horizonte, pasan por la vida acuciados por las ansias de llegar a horizontes internos y que, por su constante andar espiritual rumbo a ellos, son amantes del progreso. Esto de muchas maneras define su vida y su obra.

También la vida patriarcal de Camagüey en el seno de una numerosa familia, cuyas raíces en las amplias llanuras de esa provincia se remontaban a siglos antes, dejó para siempre una fuerte marca en su carácter. Hasta su fallecimiento 92 años más tarde era frecuente oirle narrar, con orgullo y nostalgia, las aventuras de sus antepasados, los Márquez y los Loret de Mola en las gestas del 68 y el 95. Las historias de muertes, hambrunas, sacrificios y destierros, escuchados en largas sobremesas familiares, o a la luz de las estrellas en portales hogareños llenos del aroma de flores y de puros de Vuelta Abajo, infundieron en su alma desde joven un sentido de permanente angustia por el destino y el bienestar de Cuba. Para Márquez-Sterling hasta su deceso la destrucción de la República fundada en 1902, «lo que nuestros abuelos nos legaron» la sintió, como una trágica pérdida personal, y como un legado que transmitido a él y a su generación, había sido irresponsablemente despilfarrado.

1. Las Cartas

La primera carta que encabeza esta sección es un simpático resumen de su vida. Si Márquez-Sterling estaba orgulloso de su prosapia, no lo estaba menos de haber sido político, pero político de los buenos, de los que sirven a la patria y a su pueblo, como se puede ver en la # 2. Una de las cosas que solía irritarlo más era la frase, «Yo nunca he votado» que usaban los cubanos apolíticos para demostrar así su desprecio por los que se involucraban en las actividades públicas del país. Para los apolíticos el no votar era marca de superioridad.

1.
New York, Enero 6 de 1966
Dr. Roberto Melero Juvier.
Río Piedras, Puerto Rico.

Hace años, una vez que me leyeron las líneas de las manos, siendo yo muy jovencito, en una feria de Timoneun aquí en Estados Unidos, me dijo la «adivina» muchas cosas que me han salido, entre ellas que al cumplir los 45 iba a estar grave, pero que si sobrepasaba la enfermedad, viviría muchos años. También me dijo que la joven que me acompañaba aquel día nunca sería mi esposa, que mi primer matrimonio sería desgraciado, que llegaría a la más alta posición en mi país, porque tenía la cruz de los altos destinos, en el monte del índice, y que me sacaría la lotería. En realidad me ha ido saliendo todo, menos la «más alta posición» y «la lotería», aunque respecto de la primera siempre tengo la duda de si esa alta posición fue la presidencia de la Constituyente (que en el orden histórico no puede haberla mayor) pero me queda la lotería...

Carlos Márquez-Sterling

2.
[Nueva York] Abril 3 de 1964
Dr. Ramiro Curbelo
Miami, Fla.

Como tú, no estoy arrepentido de haber sido político. En un discurso que pronuncié aquí, en una reunión de los Clubes Patrióticos, provocado por una «preguntita» apolítica, definí la diferencia que hay entre unos y otros. [Los apolíticos]... son muy culpables del desastre actual de Cuba, porque a fuerza de criticar a los políticos, combatirlos, sin distinguir, como en toda regla que hay excepciones y en la política son las más, sin organizar nada que lo sustituyera dieron al traste con las instituciones democráticas que son buenas si buenos son los ciudadanos que las sirven, y que no sirven para nada si los que ocupan los cargos no son aptos para desempeñarlos. El «yo nunca he votado» trajo el grito de «elecciones ¿para qué?»

Carlos Márquez-Sterling

Las cuatro cartas que siguen (3 a 6) revelan lo que más arriba decimos de su carácter y de su sentir por su patria. En la número 3, con la descripción de como iba a «la escuelita», «donde [yo] hacía la marcha a la mía» se revela ya, a tan temprana edad, su condición de un solitario que quiere que lo vean valerse por sí mismo y que sabe a donde se dirige. Mientras que en la número 4, nos habla del legado mambí que transmitido a su generación ha sido perdido, un tema que corre por toda su correspondencia. En la 5 categóricamente explica que por correr por sus venas sangre mambisa, nunca se sentiría cansado para luchar por Cuba. En otras palabras, que la historia y su prosapia así se lo imponían para recuperar el legado perdido. La número 6 se incluye en esta serie para ilustrar como, aun a los 70 años, recordaba a los Mola con verdadera añoranza y con el agradecimiento que les profesaba. En el recuerdo de su prosapia Márquez-Sterling sentía vivir aún «la República que él viera nacer».

3.
Nueva York, Julio 12 de 1974
Dr. Guillermo Alonso Pujol
[Sin dirección postal]

Tengo las mismas opiniones que tú, respecto del pasado y las polémicas. De ahí que me haya sido muy difícil comentar el libro de Ricardo Adam. Somos amigos, desde que íbamos a la escuelita en Camagüey, acompañados de sendas manejadoras. Yo hacía marcha a la mía a distancia, para que la gente no se diera cuenta de que me llevaban al colegio...

Carlos Márquez-Sterling

4.
[Nueva York, Mayo 1 de 1969.
Dr. Ricardo Adam.
Glenview, Ill.

Cuando yo era adolescente, recuerdo que mi abuela doña Belén Loret de Mola... nos contaba las fatigas del exilio, que les tocó vivir después de la guerra del 68, y su estancia y vida en Nueva York, donde tuvo varios hijos. A todos nosotros nos parecía aquello una leyenda lejana e inverosímil, y ya ves se ha repetido con nosotros, pero en peores condiciones, porque al menos aquellos cubanos del 68 y del 95, que fueron gigantes, los animaba y los unía, el recuerdo de una epopeya gloriosa, en preparación de otra, cuando no habían conocido la república: pero a nosotros [los cubanos] nos divide el pasado y perdimos lo que nuestros abuelos nos legaron...

Carlos Márquez-Sterling

5.
Nueva York, Enero 31/1969
Dr. Juan J. Remos.
Miami, Fla.

Nunca me sentiré cansado para luchar por Cuba, a la que quiero entrañablemente, seguramente, porque por mis venas corre mucha sangre mambisa: la de Carlos Mola, que fue ministro con Céspedes; la de Domingo Guiral que fuera su secretario íntimo, en la guerra; la de mi tío Enrique Mola, agramontista fervoroso, héroe del cafetal González y del rescate de Sanguily, y por último las de los dos Manueles Márquez: uno plenipotenciario de Céspedes, en el Perú, y el otro, uno de nuestros más grandes diplomáticos, firmante de la abrogación de la Enmienda Platt...

Carlos Márquez-Sterling

6.
[Nueva York] Abril 30/968
[Sin nombre ni dirección
sólo «Querido Alberto».]

Yo quiero mucho a las «Mola» como les decíamos en casa a Julia, Eugenia y Mencha. Pero a fuer de sincero debo decirte que con quien me llevaba mejor era con Eugenia, a la que realmente profesaba un cariño muy hondo. Los dos últimos años de mi carrera los pasé en casa de mi Tía Anita, tía de ellas... o mejor dicho madre segunda de ellas, pues don Manuel y Cheíta... viajaban mucho y yo necesitaba estudiar en la Universidad de La Habana... Eugenia era conmigo la más cariñosa y comprensiva. Cuanto recuerdo aquellos días. La pobrecita tía Anita se levantaba muy tempranito para hacerme el desayuno, pues yo tenía que estar en clase a las 7 de la mañana... De modo que puedo decirte que terminé mi carrera en casa de «las Mola»...

Carlos Márquez-Sterling

La número 7, escrita como respuesta a una de su hijo Manuel que le recomendaba buscar una posición estable en el exilio, y dejar a un lado, por algún tiempo, las ingratas labores en pro de la unidad y la recuperación de la patria, es un patente ejemplo de como el «legado» de sus antepasados pesaba en su actuar político. Y esto, añadía él, a pesar de existir hoy una juventud que no quería nada con los que «de verdad les dimos patria». Si bien sutil y cargado de cariño el tono de la carta es innegablemente aleccionante.

7.
Nueva York, Octubre 16 de 1965
[Manuel Márquez-Sterling]
[Houlton Maine.]

Tus consejos los encuentro acertados. Tal vez mi amor a Cuba me haya mantenido bastante ausente de buscarme una posición estable. Es natural, vine a este mundo con un pie en el siglo XIX, y desde muy niño estuve oyendo hablar de Cuba, de sus guerras, de su Independencia, de sus héroes, y de los familiares nuestros que tomaron parte en esa epopeya... Máximo Gómez era visita de mi casa en Camagüey, pues quería mucho a mi abuela: Don Tomás fue gran amigo de mi abuelo, y este representó a la República en Armas, en Lima, Perú, como tú sabes... Naturalmente, no puedo olvidarme de Cuba. Después Don Manuel fue muchas cosas, y yo pude darle a mi país, una constitución libre. Son hechos que no son fáciles de dejar atrás. Sin embargo, ya yo, antes de tu carta –esta ha venido a robustecer lo que pensábamos – estaba pensando en hacerme un poco a un lado, y esperar los acontecimientos. Por otra parte, las juventudes de hoy, con muy pocas excepciones, no quieren nada con los que de verdad les dimos patria, para que una gran parte de ellos la hayan perdido y envilecido.

Carlos Márquez-Sterling

> *Las añoranzas mambisas de Márquez-Sterling por la República que, como él siempre decía «viera nacer», y que desapareciera en 1959, infunden todos los recuerdos de su juventud y delatan su sentimiento de perdida personal y legado despilfarrado. Al respecto, la número 8, donde nos habla de «una República que hemos perdido para siempre, aunque la recuperemos» es un buen ejemplo.*

8.
Nueva York, Diciembre 20 de 1965
Dr. Manuel Navas
Miami, Fla.

Aquellos tiempos del Instituto de la calle del Obispo qué lejanos nos parecen y sin embargo qué vivamente los tenemos presentes. Tiempos de Ervitti, de Pulgarón, de Casado, de Alamilla, de Pérez Fariñas, y de tantos profesores, entre los que no olvidaríamos a Rodríguez García, con su bombín, sus bigotes, y su voz ronca, enseñándonos gramática y literatura. Era una Cuba patriarcal, que tenía el 95 muy cerca y que nos recordaba constantemente, la política del Marqués de Santa Lucía, los discursos de Sanguily, la oratoria de Zayas, las habilidades de José Miguel y la elegancia de Menocal que parecía escapado de un cuadro de la Guerra, en el que Calixto García, Máximo Gómez y Maceo nos emocionaban con su recuerdo y con sus acciones que culminaron con la fundación de una República que hemos perdido para siempre, aunque la recuperemos... Raíz y esencia de una generación de gigantes entre los que brillaba dulcemente el más grande de ellos, por ser el más sacrificado: José Martí.

Carlos Márquez-Sterling

> *La número 9, en una remembranza de su juventud con su amigo de Villiers al referirse a la pérdida de la República una vez más usa el específico término de «legarnos».*

9.
[Nueva York] Junio 6 de 1967
Dr. Gerardo de Villiers
Miami, Florida.

Ya lo creo que recuerdo, querido amigo, nuestras reuniones en el círculo de abogados del Prado... tú en el partido conservador, y yo en el liberal, pero por encima de esas opiniones diferentes, siempre amigos, ...y llenos de amor a la patria, queriéndola con sus defectos y con sus virtudes, y anteponiéndola cuando peligraba, a nuestras ambiciones por legítimas que fueran. Ese era el cubano de entonces, y eso éramos nosotros, que lo bebimos en la fuente, es decir entre aquellos que nos dieron la República, generación de gigantes que supieron legarnos lo que hemos perdido, pero lo que hemos de recuperar sin duda alguna.

Carlos Márquez-Sterling

Un buen ejemplo de su adolescencia expuesta a las historias de la gesta del mambisado en el hogar donde creció es la carta número 10. En ella cita a los cubanos notables que visitaban la casa de su padre y por medio de una anécdota del libertador Enrique Loynaz del Castillo ilustra un aspecto del carácter cubano que, si bien desconocido y que se creía que no poseía, estaba, sin embargo, latente y esperando por la victoria de un caudillo brutal y sanguinario como Castro.

10.
[Nueva York], agosto de 1969
Dr. Miguel González
Hialeah, Fla.

La carta de Loynaz, cuya copia me envía, es como de mambí... hermosa... Yo quería mucho a Enrique. Era visita de mi casa frecuentemente... En casa de mi padre... los domingos se reunían prohombres de todos los credos y pensamiento. La política no los separaba. Por allí pasaron Montoro, Juan Gualberto, Ferrara, Aurelio Álvarez, Asbert, Zayas, (a título de historiador) y otros muchos, entre ellos Don Raimundo Cabrera y naturalmente Loynaz... Una de aquellas tardes, Don Raimundo aseguraba que el cubano tenía muchas virtudes, aunque grandes defectos, y que una de aquellas, era el no ser sanguinario.

Loynaz, echó para atrás su altiva frente, y discrepó: Ay don Raimundo, es porque todavía no le han dado la oportunidad. Si no hubiera sido por Máximo Gómez, en la guerra del 95, hubiéramos visto muchas cosas feas... Todos callaron y la discusión tomó por otros rumbos. El vaticinio de Loynaz, se adelantó a los tiempos... Porque en el crimen Fidel... ha encontrado servidores donde pensábamos que no había esa clase de asesinos...

Carlos Márquez-Sterling

> *La carta 11 ofrece detalles sobre como su biografía de Agramonte fuera premiada en 1935. Es interesante apuntar aquí que dos de las biografías más destacadas de Márquez-Sterling, la de Agramonte y la de Estrada Palma más tarde en 1953, fueron escritas sobre personajes que no eran, precisamente los ídolos más populares en el seno de su familia. Los Loret de Mola, con una o dos excepciones, eran mayormente cespedistas y su padre, Don Manuel, fue un adusto opositor de Don Tomás.*

11.
Nueva York, Diciembre 6, 1974
Dr. Guillermo Alonso Pujol
Caracas, Venezuela.

Mi biografía de Agramonte, fue premiada, en 1935, y se publicó en 1936. Al concurso asistieron siete pretendientes... Yo siempre fui admirador de Agramonte, en una familia, como las de los Loret de Mola, que eran cespedistas por los cuatro costados, pues mi tío abuelo, Carlos Loret de Mola formó parte del gabinete de Céspedes... De niño uno de mis premios en el colegio fue una composición sobre el héroe de Bonilla, cosa que entusiasmó a mi abuela, que conoció al bayardo en su juventud. El tribunal lo formaron Emeterio Santovenia, Ramón Catalá y Varela Zequeira (De este último no estoy muy seguro). Presidía Santovenia y el concurso era mudo, a base de lemas, para identificar después al autor. En Cuba se hicieron de esa biografía cinco ediciones y se vendieron. Fue, entonces, el único que me dejó una ganancia. Haciendo mi campaña de representante en 1935, me enteré por Santovenia, en un café de San José de las Lajas, que mi libro se había premiado. Me dio una alegría inmensa.

Carlos Márquez-Sterling

Su empeño por dar a conocer en detalle las vidas de aquellos personajes que participaron en la lucha por la libertad de Cuba se atestigua en las cartas números 12 y 13. La primera es especialmente emotiva ya que nos relata una experiencia muy íntima cuando escribía la vida de José Martí que fue su gran ídolo.

12.
[Nueva York, Abril 5 de 1963
Sr. Prof. A Díaz Bazas
Tampa, Fla.

Y en cuanto al conocimiento de Martí, dediqué muchos años de mi vida al estudio y conocimiento de esta vida extraordinaria, siempre ejemplar, y publiqué en 1952, su biografía con el título de «Nueva y Humana Visión de Martí», que mereció honores de la crítica, no solamente en Cuba, sino en el extranjero, especialmente en México. Viví tan intensamente esa biografía a través de mis apuntes y notas, que cuando llegué a Dos Ríos lloraba como un niño frente a la caída del Apóstol, positivamente el americano más grande de todos los tiempos. Esto ocurrió en mi biblioteca, en la Habana, una noche, en horas de la madrugada, cuando finalicé de escribir. Y se lo confieso a Ud no para hacer méritos para con su persona, sino para que Ud sepa que llevo en mi sangre, como una segunda naturaleza, el ejemplo de ese cubano que fraguó nuestra primera Independencia.

Carlos Márquez-Sterling

13.
[Nueva York} Agosto 27 de 1966
Dr. Virgilio Ferrer Gutiérrez
Madrid, España

Yo últimamente había indizado [mi] archivo... y tenía cartas de Martí a mi Tío Adolfo Márquez-Sterling, que eran muy interesantes, y aclaraban algunos aspectos del autonomismo en la Isla. Como ves, Castro lo ha destruido todo. En ese archivo perdí dos biografías terminadas: la de Alfredo Zayas, que sólo le faltaba un capítulo alusivo a su primera esposa Margarita Arrieta, y la del Marqués de Santa Lucía, que era visita casi diaria de mi familia en Camagüey.

Carlos Márquez-Sterling

Hombre de ideas, parlamentario por excelencia, y un profundo estudioso y admirador del desarrollo político de aquellas naciones que en vez de acudir a revoluciones violentas para resolver sus crisis lo hacen por los cauces del compromiso cívico-político, Márquez-Sterling era un convencido abogado del sufragio y la urna, siempre y cuando las elecciones se llevaran a cabo bajo plenas garantías constitucionales. Era uno de sus credos que el robo o escamoteo electoral lejos de consolidar al que lo perpetraba, lo ilegitimaba aún más frente a su pueblo.

Esta convicción, según el mismo lo confiesa en la interesante y doctrinaria carta número 14, la adquirió en el seno de su hogar al escuchar las intensas discusiones provocadas por la elección de Don Tomás Estrada Palma en 1902. En estas elecciones Bartolomé Masó ordenó el retraimiento (una forma de abstencionismo en aquella época) a su partido al pensar que el proceso electoral, como estaba organizado, favorecía a su adversario. Dejemos que él nos lo explique:

14.
Nueva York, Diciembre 15 de 1965
Sr. Alfredo E. Herrera
Miami Beach, Fla.

Yo pertenezco a una familia muy contraria a D. Tomás Estrada Palma. En mi casa, en Camagüey, todos eran Masoistas, y dirigidos por el Marqués de Santa Lucía, amigo de mi abuelo y de mi padre, y a quien conocí, fueron a las elecciones [1902] en aquella provincia, y las ganaron. El Marqués fue senador y mi padre representante, acta de la que no tomó posesión, porque prefirió la carrera diplomática, para seguir las huellas de mi abuelo, Manuel Márquez, que representó al gobierno de Céspedes en el Perú, ante el presidente Mariano Ignacio Prado, padre de Don Manuel Prado también presidente en época muy cercana...

Precisamente, de este hecho, que durante muchos años oí discutir en mi casa, fue que yo formé una conciencia tan definida contra los retraimientos [electorales] que han sido en Cuba fuente de tantas desgracias patrias. En el caso de Masó mucho más grave, puesto que sus lugartenientes y capitanes una vez celebrados los comicios disolvieron el partido Unión Democrática, que tanto había arraigado en el corazón de los cubanos, cuando lo lógico es que lo hubieran mantenido y de él habrían salido figuras magníficas de nuestra historia, como Eusebio Hernández, pongamos por caso... Disuelto el partido, quedó Don Tomás dueño absoluto de la administración y sin oposición organizada... A Masó... se le dieron las garantías del caso, pero se empeñó mal aconsejado en retraerse. Debió haber hecho caso al Marqués...

Carlos Márquez-Sterling

Y, sin embargo, a pesar de su antitomasismo, que por años en su hogar había sido artículo de fe, Márquez-Sterling como hombre de mente abierta que busca la verdad y no la opinión, en 1953, escribió la biografía más imparcial de nuestro primer presidente y la que le mereciera un premio nacional. No en balde su reacción indignada al enterarse de la demolición de la estatua de Don Tomás en el Paseo de los Presidentes. Carta número 15.

15.
[Nueva York] Marzo 18 de 1968
[Sin nombre solamente
«Querido Alfredito».]

La demolición de la estatua de Don Tomás revela lo que siempre he dicho: «Que en Cuba existe reacción contra la Independencia de Cuba y sus figuras principales ¡Qué canallas!»

Carlos Márquez-Sterling

Hombre de paz y conciliación Márquez-Sterling tenía, sin embargo, unos notorios prontos tempestuosos que lo llevaban hasta usar los puños cuando, según él, se «sentía vulgarmente atacado». Sirvan de ejemplo las cartas siguientes números 16 y 17.

16.
[Sin Lugar ni fecha. 1964
Dr. Leandro Cañizares
Bronx 67. N.Y.

Don Antonio Sánchez de Bustamante, estaba en las conferencias de Versalles... y examinaban su asignatura, Enrique Lavedán... un hombre muy valioso... [que] estaba empeñado en que yo no estudiaba lo suficiente porque era vecino mío de taquilla, en los baños del

Vedado Tennis Club, y me veía allí todas las tardes, después de jugar bolos, hacer esgrima, y nadar un rato. Y sí estudiaba. Lo que ignoraba Don Enrique, era que yo me levantaba a las cinco de la mañana a estudiar, y me acostaba un poco pasadas las diez, casi todas las noches, costumbre que se me ha quedado y que aun en este destierro observo. Cuando me examinó de derecho internacional privado, me hizo unas preguntas rarísimas,... que yo no contesté. Fue preciso que el doctor Salaya me preguntara de la asignatura para que yo me salvara del naufragio; pero la nota me descompuso el ritmo del expediente y no pude ir al premio... pues siendo mi padre internacionalista y diplomático yo quería demostrarle mis conocimientos y dejarle contento. De ahí el tremendo berrinche que orquesté que terminó si mal no recuerdo con trompadas y todo y una suspensión... que días después dejó sin efecto el Dr. Dolz, gran simpatizador mío, y que me examinó de grado y me propuso entrar de pasante en su Bufete, cosa que no aceptamos, porque nosotros éramos liberales, chambeloneros, y Don Ricardo, cuya memoria tengo siempre, era moderado y conservador, y no se llevaba bien con el autor de mis días. ¡Qué tiempos aquellos! La cosa no quedó ahí. Años más adelante, trabajaba yo en el Bufete de Ferrara... y se presentaron los famosos pleitos del arroz –vencimientos de contratos y otras cuestiones comerciales – que dirigía Lavedán. Le pedí a Ferrara... que me dejara llevar uno de esos pleitos para tener la oportunidad de medirme con Lavedán.

Debo decirle que mi buen amigo perdió conmigo. No lo cuento, por orgullo ni por vanidad. Créamelo. Si no porque aquella nota me dolió mucho, y quería reivindicarme con él. Después fuimos buenos amigos. Y lamenté muchísimo su muerte prematura, pues era un abogado valiosísimo, y una gran persona.

Carlos Márquez-Sterling

17.
Nueva York, Agosto 15 de 1967
Dr. Gerardo de Villiers
Miami, Fla.

No sé si tú sabrás que desde joven tuve inclinaciones, cuando me sentía vulgarmente atacado, a usar los puños, o lo que tuviera a mi alcance. Muchas veces los usé, echando por tierra, en oportunidades, mis derechos, al ejecutar iniciativas como esas. Mi padre con aquella serenidad que lo caracterizaba, me curó por completo, me traspasó la veta sajona del Sterling, y cada vez que iba a meter la pata me dominaba o me ausentaba del lugar donde el pie estaba a punto de resbalar. Pero a veces no podía dominarme. En la Cámara, una vez quedé mal, porque empuñé la campanilla que era de bronce y muy pesada, y en lugar de agitarla, se la puse por la cabeza a un compañero con el resultado de que «El Crisol», donde había un caricaturista que me quería mal, me sacara al día siguiente como un troglodita con una cachiporra en las manos y una leyenda que decía: «Así preside la Cámara el doctor Márquez-Sterling». Por eso cuando comencé a gritar que aquello no eran cuestiones de ordenes sino de desórdenes, aludiendo a la frase de uno de los que las provocaba, dirigiéndose a mí, me acordé de Don Manuel y me fui, porque iba, sin duda, a meter la pata. No era ese mi papel.

Carlos Márquez-Sterling

Ya famoso en su carrera política mucha gente suponía que a Márquez-Sterling, por su nombre y su familia, le había sido fácil llegar por haberse hecho de arriba. Pocos sabían que en esta actividad para llegar lo tuvo que hacer de abajo y a»puñetazos» como lo relata en las cartas 18, 19 y 20. En la 20, se ufana con razón de «que tenía el orgullo de que jamás perdía a [sus] amigos.

18.
Miami, Febrero 14, 1982
Sr. Ángel Chichi Rodríguez
Miami, Fla.

Realmente, no creo merecer su carta... Ud. está confundido de mi manera de ser. Yo nunca, a pesar de mi apellido que ha figurado en todas las guerras por la libertad de Cuba, me he hecho por arriba, si no por abajo, al comenzar mi vida [pública] en la revolución liberal del 17, y al acudir más tarde al comité de Barrio, para ascender en mis aspiraciones políticas hasta llegar a la presidencia de la Constituyente...

Carlos Márquez-Sterling

19.
New York, agosto 18 de 1969
Sr. Rafael Guas Inclán
Miami, Fla.

Yo como tú sufrí la política en mi propia carne. Me hice ni se sabe como. Tuve la desgracia de que cuando surgí a ella, mi gran padre, por el que tengo la devoción que tú tienes por el tuyo, estaba de retirada, sin periódico, sin uñas para arañar, y por lo tanto, sólo pudo darme sus relaciones que eran muchas... Y tuve que hacerme a puñetazos, porque si bien es cierto que heredé las relaciones, también heredé los adversarios, algunos de ellos muy agriados porque la pluma de Don Manuel, [que] cuando el quería, era terriblemente mordaz.

Carlos Márquez-Sterling

20.
[Sin lugar] Julio 24 1967
[Sin nombre]
[Encabezada con «Querido Alfredito».]

Manuel Rico y Cancio era para mí, más que un hermano. Cuando yo tenía 22 años fui a luchar al barrio más malo de Cuba, es decir de La Habana. En una reunión con José Miguel Gómez donde estábamos cerca de cuarenta jóvenes... nos exhortó para que hiciéramos política y aspiráramos a delegados por los barrios de la Habana, porque las asambleas municipales se componían de lo peor de cada distrito y ya era hora de adecentarlas... fui a parar al barrio de Peñalver. Figúrate. Allí campeaban por su respeto las famosas panteras de Santos Inguanzos, que de haber vivido ahora en Cuba sería ministros o vicepresidentes Después que estudié el terreno me uní a... Ricardo Sánchez, del cual era yerno un jovencito inteligentísimo Manuel Rico... Si no hubiera sido por Rico, yo no hubiera sido delegado... Pero esta victoria que dejó asombrado a José Miguel Gómez, que me felicitó, [ya que] de los cuarenta jóvenes nos presentamos sólo tres con el acta, [pero] me costó una serie de puñetazos con los Perlacia que dominaban ese barrio desde la época de la colonia. Desde entonces fuimos amigos Manolo y yo. Yo lo hice procurador y lo nombré en la Audiencia. Lo demás corrió de su cuenta, porque tenía un talento enorme...

Tengo el orgullo de que jamás perdía a mis amigos, y cuando ganaba algo no lo ganaba para mí solo, era para todos. En mi Bufete trabajábamos 26 personas y con una sola excepción, todos se encuentran en el exilio luchando duro por Cuba. Ninguno se despintó.

Carlos Márquez-Sterling

En su hogar, cuando gozaba de momentos de tranquilidad, era frecuente oírle explicar con deleite lo que una frase o dicho cubano significaban, y si de verdad personajes como Matías Pérez y su globo habían existido y volado, o quien era el personaje de la frase, «Se formó la de Pancho Alday». Al respecto sus conocimientos eran enciclopédicos, y el profundo amor que Márquez-Sterling sentía por todo lo cubano, no importaba lo trivial o nimio que pudiera aparecer, se revela en la siguiente misiva 21 sobre Barreto y su bombín inmortalizado en un popularísimo danzón de Antonio María Romeu. ¿Existieron Barreto y su mítico tocado? En esta carta 21 también, según su versión, queda explicado el origen y el uso de la expresión o dicho «Ese está boloña».

21.
Nueva York, Junio 9, 1967
Sr. Alfonso Muñoz Pérez
Miami, Fla.

Aunque a Ud. le parezca raro, déjeme decirle que yo conocí personalmente a Barreto y a su bombín. En efecto, allá por los años de 1913, cuando mi padre renunció su embajada en Washington y fundó [el] *Heraldo de Cuba*, de su viaje de México a la Habana le alquiló una casa en la calle A entre 19 y 21, propiedad de Barreto, negro muy fino y elegante que solía visitar al autor de mis días y charlar con él. En su atuendo lo que más brillaba era el bombín; pero era elegantísimo y sabía mucha música y había viajado por Europa. En fin, un negro que ahora no se estila ni aquí ni en Cuba.

De esta época tengo muchos recuerdos. Por ejemplo, el dicho está «boloña», surgió en mi adolescencia. Éramos estudiantes de bachillerato y solíamos escaparnos con pantalones largos e irnos a los famosos bailes de Boloña. En una de aquellas noches sorprendimos allí a un profesor de Lógica, que además era Concejal, y que resultaba muy divertido, danzando a todo lo que daba. Cuando nos vio se quedó frío, y nos rogó que no dijéramos nada, que nos iba a pasar a todos en Lógica... que no aceptamos [porque] todos ya la teníamos aprobada. Entonces surgió aquello del «profesor Boloña».

Carlos Márquez-Sterling

> *Así mismo, la sinceridad de su modestia y su sencillez que le hacían ser alérgico a pompas, homenajes, y honores con sus inescapables banquetes, ceremonias y pergaminos se ponen de manifiesto a continuación en la misiva 22:*

22.
Nueva York, Julio 28, 1972.
Sr. Fausto La Villa.
Decano del Colegio de Periodistas.
Miami, Fla.

Yo, como tú sabes, nunca he dejado de sentirme orgulloso de mi condición de periodista cubano, título que me enaltece y me viene de ancestro. Primero mi bisabuelo, después mi abuelo y mi tío abuelo Don Adolfo, y más tarde, mi padre, cuyo nombre lleva la Escuela.

Empecé mi profesión de periodista en «La Nación», en 1916, redactando una sección que se llamaba «Chispazos», y firmaba «Fátima», donde comentaba muchas cosas, entre ellas, las sesiones de la Cámara de Representantes, tengo pues más de medio siglo de periodista... Pero no aspiro al Homenaje.

Carlos Márquez-Sterling

> *Márquez-Sterling comenzó su carrera de abogado en el Bufete de Orestes Ferrara, libertador, estadista, brillante polemista de rápidas respuestas y agudos ditirambos e historiador erudito de rango internacional. Durante esos años Ferrara ejerció sobre el joven abogado una profunda y duradera influencia. En las misivas que siguen, las 23, 24 y 25 Márquez-Sterling nos relata como fue que entró a formar parte de su Bufete y de la admiración que sentía por el famoso libertador. En la número 26 nos cuenta el momento en que se separó del Bufete al aceptar Ferrara la embajada de Cuba en Washington y quedar la dirección en manos de otros abogados.*

23.
[Nueva York] Agosto 19 de 1968.
Dr. Orestes Ferrara.
Grand Hotel. Roma. Italia.

Siempre recuerdo con hondo afecto [como] entré a formar parte de su magnífico Bufete. Estábamos en Washington, a raíz de la muerte del general Gómez [José Miguel] y vivíamos en la calle 14... Usted tocó la puerta y preguntó por Don Manuel... yo le ofrecí encontrarlo... Cuando Ud. se separó de Don Manuel le preguntó Ud. que hacía yo en Washington y al saber que era ya abogado le dijo que me presentara a Ud. en la Habana en su oficina para incorporarme al estudio...

Carlos Márquez-Sterling

24.
Nueva York, Julio 4 de 1965
Dr. Orestes Ferrara
Hotel Central. Roma, Italia.

Hace días se me presentó aquí un carpintero cubano que trabaja en las obras de reparación de las oficinas de la ITT, con un paquete y cuando lo desenvolvió era un retrato suyo dedicado a Sosthenes Bhen, cuyo despacho se conservaba hasta ahora, pero que han cancelado en la reorganización. Me dijo: «Como yo soy cubano, admiraba a Ferrara y sé que Ud. lo quiere mucho se lo he traído». Realmente se lo he agradecido extraordinariamente y ya lo tengo en mi pequeño despachito de desterrado. Me ha traído entrañables recuerdos que mucho amo. Ahora lo tengo a Ud. y a mi padre en el testero principal. Mis dos maestros.

Carlos Márquez-Sterling

25.
[Nueva York] Febrero 4 de 1964
M. Orestes Ferrara
Grand Hotel. Roma

«Mi mayor orgullo fue sentarme en la presidencia de la Cámara, donde nadie hubo de superarle en talento y condiciones de parlamentario. Recuerdo que a raíz de mi elección Ud. me escribió una carta, comentando esa designación y [me remitió] un libro sobre Agramonte.

Sus consejos sobre la forma en que debía guiar la Cámara y sus componentes me fueron extremadamente útiles. «Ocupa usted un puesto muy difícil» –[me] decía. «Porque tiene Ud que gobernar a quienes depende de ellos: sus compañeros». ¡Con qué exactitud pude comprobar luego la eficacia de ese Consejo y de aquel otro de que no tomara el presupuesto de la Cámara para dar posiciones inmerecidas! Este último consejo me salvó de errores que después hubiera lamentado mucho. En una palabra, su ejemplo de combatiente y de intelectual siempre estaba presente.

Carlos Márquez-Sterling

26.
[Nueva York] Abril 5 1972.
Mrs. Manuel Rivero Setién
Miami, Fla.

Cuando me separé del Bufete... una de mis despedidas más emotivas fue la de [Luis Octavio] Diviñó. Recuerdo, que... me preguntó: ¿Y Ud. por qué se va? Ud. es apreciado aquí. Yo quizás con la arrogancia de los años, le contesté: Tengo otras ilusiones, doctor... Además no es lo mismo ser pasante de Ferrara o de Ud. que de los que quedan aquí. Y él mirándome muy a los ojos, replicó: ¡Cara..., pues tiene Ud. razón.

Carlos Márquez-Sterling

Andando el tiempo quiso el destino que durante las sesiones de la Convención Constituyente de 1940 maestro y discípulo cambiaran de posiciones en el estrado. Márquez-Sterling ahora de presidente y Ferrara como uno de los delegados. Más tarde y pocos años antes de morir Ferrara le pidió a su otrora discípulo que ordenara y prologara sus extensas e interesantísimas memorias cosa que Márquez-Sterling llevó a cabo con infinito placer y reconocimiento. Pero para siempre Márquez-Sterling guardó el recuerdo de lo que Ferrara dijera de él en las sesiones de la Constitución: Carta 27.

27.
[Nueva York] Enero 29 de 1964
Dr. Orestes Ferrara
Grand Hotel. Roma.

Recuerdo una tarde en la Asamblea Constituyente, cuando un periodista... le preguntó que le parecía mi actuación en ella. Ud... le respondió: 'Muy bien. No ve Ud que es mi discípulo.'

Carlos Márquez-Sterling

Las siguientes cartas (28-32) ilustran detalles de su carrera política que a veces, como en el caso de una de sus referencias a Eduardo Chibás, resultan pintorescos. Obsérvese en la número 31 lo que dice sobre la postulación para representante de Fidel Castro en las elecciones de 1952 que fueron frustradas por el golpe de Batista. En muchas biografías de Castro se dice erróneamente que era candidato a un escaño en la Cámara.

28.
[Nueva York] Enero 20 de 1964
Dr. Miguel Suárez [Fernández]
Miami Beach, [Fla]

En realidad (este es mi cuarto exilio) los anteriores eran más bien vacaciones. Recuerdo el primero en el 18, cuando después de la revolución del 17, mi padre vivió en Washington cuatro años, hasta la elección de Zayas y la correspondiente amnistía. Después el de Machado, ya hombre y político. Y por último cuando la huelga del 35, que empeñados los gobernantes de entonces que yo estaba en eso, porque días antes había visitado a Enrique Fernández, con Guillermo Tapia, precisamente para discutir con él el error que suponía dicha huelga, tuve que poner mar por medio. Menos mal que duró poco y luego se abrió el horizonte y se celebraron las elecciones del 36, en las que tú y yo entramos en el Congreso, donde tanto el uno como el otro, demostramos calidad y condiciones.

Siempre recuerdo esa época en la [que] tú y yo desenvolvimos un papel importante. Más tarde también prestamos a nuestro país grandes servicios, cuando tú nos bautizaste con el nombre de Vice-Caudillos. En realidad, le preparamos el camino a los caudillos que tal vez sin nosotros no hubieran llegado a la paz, como se llegó con las elecciones constituyentistas de 1940, que nosotros supimos pilotear desde los escaños de la Cámara».

Carlos Márquez-Sterling

29.
[Nueva York] Diciembre 12 de 1964
[Dr. Jorge García Montes]
[Sin dirección]

Mi participación en la revolución contra Machado fue muy modesta. Me limité a seguir a mi padre cuando este renunció la Embajada en México... Fue entonces cuando yo aquí en Nueva York, a fines del 32, me sumé al carro de la revolución y regresé a Cuba, cuando el «viejo» fue designado embajador en Washington por Céspedes y ratificado, más tarde por Grau [San Martín]... Yo trabajaba entonces como consejero económico de la Embajada de México... y renuncié y pasé a la de Cuba, como era natural, en calidad de Secretario del Embajador, mi padre, ya muy enfermo, y al cual ayudé no sólo como funcionario, sino como hijo que «adoraba a su padre». Tomé parte muy devota en el manejo de la negociación de los tratados abrogando la Enmienda Platt y reformando el comercial de 1902 que fue negociado en aquella fecha, ya tan lejana, por tu padre.

Carlos Márquez-Sterling

30.
Nueva York, Febrero 14 de 1964
Sr.Arturo [Alfonso Roselló]
[Miami, Fla.]

Me acuerdo, cuando tuve la polémica con Chibás, que lo dejé mal parado. Yo terminaba aquel debate, después de relacionar sus contradicción[es] y sus baches, con estas frases: «Chivita, que vas chivando, no chibanees tanto, que te vas a deschivar». Dos días después, me visitó, en la oficina, y me dijo muerto de risa: «Vengo a firmar contigo un pacto de no agresión». Nunca más se metió conmigo. Y meses más tarde me invitó a formar parte de su [Partido del] Pueblo Cubano [Ortodoxo]... el pobre Eddy, que tenía muchas buenas cualidades, como su amor a la libertad y al talento, se «deschivó finalmente».

31.
Nueva York, Agosto 4, 1973
Sr. Carlos Espín.
Miami, Fla.

[Chibás]... nunca hubiera ganado la presidencia, pero era muy anticomunista, y conmigo fue especialmente cariñoso. Si yo hubiera estado en La Habana, cuando se pegó el tiro nada de eso hubiera sucedido, porque él me hacía mucho caso. Pero lo embarcaron.

Pero confieso que mi asociación con aquel partido [Ortodoxo] donde proliferaban los «comunistas emboscados», fue un error. Sufrí mucho. La reorganización de La Habana, que ganamos Bisbé y yo, juntos, por poco me cuesta la vida. Porque dos veces me tiraron en el círculo de Prado, en una de aquellas baraúndas, en las que generalmente tomaba parte Fidel. Por cierto que he leído en muchas ocasiones, en biografías escritas en el exilio que Fidel fue candidato a representante, por La Habana, en la Ortodoxia. Es falso. Yo me opuse a esa postulación, y el día de las postulaciones (el 9 de Marzo de 1952) la sesión terminó en un escándalo formidable; pero Fidel no fue postulado.

Carlos Márquez-Sterling

32.
[New York], Noviembre 13 de 1969.
Sr. Lic. Pelayo F. Valdés
Tampa, Fla.

No creo que yo haya sido un triunfador desde que «nací», pero le agradezco el concepto, muy de veras. Mi padre decía que yo tenía más condiciones de abogado y de escritor que de político. Pero a mí siempre, en función, de utilidad al público, pues sufrí toda serie de contratiempos y renuncia muchas veces, me tiraba tanto que lo descuidé todo, es decir, mi peculio personal, y salí de Cuba, con lo que tenía puesto. Ni blanca, ni bonos, ni acciones. Sólo el yunque frío del trabajo, en este país donde no se trabaja para vivir, sino que se vive para trabajar. Si eso, es triunfar

Carlos Márquez-Sterling

Especialmente importantes para los futuros historiadores de su vida política son los números 33, 34 y 35, en las cuales explica las razones por qué en las elecciones de 1944 rechazara las candidaturas vice presidenciales con ambos rivales, Carlos Saladrigas y Ramón Grau San Martín. A nuestro entender es en este epistolario donde por primera vez la razón primordial de su declinación se hace pública ya que sólo la compartió con sus hijos y familiares, los cuales, por las evidentes implicaciones del momento guardaron, hermético silencio. Que Márquez-Sterling se haya decidido a revelarlo en esta carta con toda seguridad se debió a su fraterna amistad con Néstor Carbonell, y al hecho de que ya en 1968 las pasiones familiares que tal declaración hubieran podido provocar habían dejado de existir. También menciona en la 34 la jugada política en que se le negó su postulación para senador y la cual provocara su renuncia al Partido Liberal al que nunca más regresara.

33.
Nueva York, agosto 27 de 1969
Sr. Rafael Guas Inclán
Miami, Fla.

Tus juicios sobre Ramón [Zaydín] son exactos. Ustedes toparon, sin culpa tuya. Yo también. Primero por cosas puramente de familia. Después, por razones políticas. En la familia se decía que nosotros habíamos reeditado la pugna de los hermanos Manuel (mi abuelo que lo era suyo también y Adolfo, que terminaron al fin llevándose muy bien. Nosotros terminamos llevándonos bien. Pero sin hablar jamás del pasado...

                                            Carlos Márquez-Sterling

34.
[Nueva York], Septiembre 14 de 1968
Dr. Néstor Carbonell
[Sin Dirección]

Puedes estar seguro, Néstor, que una de las cosas que más pesó en mi ánimo para no aceptar la candidatura vice presidencial con Grau [en 1944] fue la de Ramón [Zaydín y Márquez-Sterling, su primo].

Habíamos chocado mucho. El mismo Ramón malogró mi candidatura con Carlos Saladrigas que a quien quería era a mí. Pero entre Batista y Hornedo no solamente me dejaron sin ella, sino que también me birlaron la senaduría. Pero todo eso está olvidado, y en cuanto a Ramón ni hablar... Lo quise mucho. Además, admiraba su talento.

Carlos Márquez-Sterling

35.
[Nueva York] Octubre 5 de 1964
[Arturo Alfonso Roselló]
[Miami, Fla.]

Recuerdo – y no te lo relato en beneficio mío, sino porque ocurrió así – que cuando Guillermo [Alonso Pujol], autor de la crisis –calificada de institucional– que arrojó del premierato a Saladrigas, en 1942, me decía en la comodidad de su biblioteca, que Carlos [Saladrigas] estaba liquidado, yo le contesté que estaba equivocado. Y agregué: «Es ahora que ustedes los demócratas [Partido Demócrata] lo han sentado en la presidencia». Así fue. El propio Alonso en una visita que me hizo aquí en Nueva York el año pasado reconocía su error y recordaba el episodio. «Tú viste más claro que yo». En efecto, yo le tenía pánico a la candidatura de Grau [San Martín en 1944]. Este fue a buscarme a mi casa, con Chibás, y me ofreció la vicepresidencia [en el ticket]. Yo la rechacé. Me ofreció la senaduría, lo mismo. Y cuando argumentó que yo no aceptaba porque le temía a la derrota, le contesté, descubriendo mi opinión: «Doctor, lo grave de mi negativa es que yo estoy convencido de que Ud. va a ganar, pero no quiero contribuir a su triunfo». Grau se molestó. Pero eso no fue óbice para que cuando ganara me enviara a buscar con Carlos Prío, el 12 de junio de 1944, y en su despacho de la calle J, me ofreciera la embajada de México, «porque, chico, tu apellido suavizaría mucho nuestras relaciones con ese país».

Carlos Márquez-Sterling

Sin embargo, de todas estas misivas la 36 es la más sorprendente y espectacular. La revelación de este episodio, sólo hecho en su correspondencia privada treinta años después de haber ocurrido, descubre a cabalidad los principios éticos-patrióticos que siempre guiaron a Márquez-Sterling en su andar político. Por otra carta anterior en la que se refiere de pasada al incidente revela que el militar que encabezaba la conspiración había sido J. E. Pedraza.

36.
[Nueva York], Diciembre 20 de 1968
Dr. Raoul Fowler.
Miami, Fla.

Y te confieso a toda sinceridad que deseé profundamente llegar a presidir mi país, después que conduje la Constituyente... a puerto seguro... a pesar de que fui objeto de una proposición militar, durante la Convención para expulsar a Laredo [Brú, presidente], situarme en la presidencia, y anular las elecciones de julio del 40, dándole el carpetazo a Batista. Me negué en redondo, y puse punto final el 8 de junio a aquella Asamblea de la que salí para ocupar un modesto escaño en la Cámara de Representantes que supe honrar.

Carlos Márquez-Sterling

Como se ha indicado más arriba Márquez-Sterling sentía una profunda veneración por su padre, del cual aprendió a conocer y querer a Cuba. Es un hecho que él lo defendía con más pasión que a sí mismo. Si con frecuencia Marquez-Sterling dejaba pasar sin contestar ni rebatir desaires, ataques y soslayamientos a su persona y sus hechos esto no iba con la memoria de su padre «Don Manuel». Y para comprender esta doble pasión nada mejor que sus pensamientos y referencias al progenitor que a continuación se incluyen desde los documentos 37 hasta el 44.

37.
Nueva York, Mayo 26, 1973
Dr. Guillermo Alonso Pujol.
Caracas, Venezuela.

Todo esto se remonta a otras épocas. Recuerdo a mi padre, con su amplia frente, y sus grandes ojos del color de la uva, sentado en la cabecera de la mesa, a la hora de las comidas, que frecuentemente hacíamos ya tarde, después de las nueve, pues no se servía hasta que él llegaba, preguntándonos a mí y a Ramón [Zaydín], si habíamos leído esto y lo otro que nos había recomendado. En una oportunidad nos instó mucho a leer los ensayos del autor del «Sentimiento Trágico de la Vida». Muchas veces ni Ramón ni yo, que soñábamos, entonces, con otras cosas, le habíamos puesto los ojos encima, y salíamos del paso, como podíamos. Pero es indudable que aquellas exigencias y orientaciones nos sirvieron grandemente en la vida.

Carlos Márquez-Sterling

La carta a continuación, la número 38, quizás revele que fuentes Márquez-Sterling bebiera su permanente angustia por el eventual destino de Cuba y su República. Obsérvese la cita que hace de las palabras de José Manuel Cortina y muy en especial una apocalíptica de su padre sobre el futuro destino de Cuba en el segundo párrafo escritas una generación antes. Ante esas proféticas palabras hay que preguntarse si durante todo el proceso de los años 50 Carlos Márquez-Sterling no las tuvo presentes como una admonición de su padre. Su desesperada lucha por evitar el triunfo de Castro parece indicar que sí.

38.
Nueva York, Junio 12 de 1965
Sr. Armando García Sifredo
Director de Patria
Miami, Fla.

Quise con pasión a Don Manuel Márquez-Sterling. Fui su secretario durante muchos años. Siempre lo contemplé grande y puro: y su amor a Cuba era de las cosas que más hacía latir su corazón de cubano. José Manuel Cortina, en memorable discurso pronunciado en la Asociación de Reporteros de la Habana, con motivo de la designación de Márquez para Embajador en Mexico, en 1929, lo describió de mano maestra. En uno de sus párrafos decía que, «a veces se veía a Márquez sufriendo de un profundo dolor...» «Era –agregaba Cortina– que Márquez pensaba que la República, hecha con el infinito sacrificio de tantos patriotas estaba en peligro...»

En uno de sus libros dijo Márquez-Sterling lo siguiente: «Para mí, el porvenir de Cuba se presenta en medio de luchas civiles continuas, en la desaparición de la cultura y la riqueza, en gobiernos fugaces de incorregibles concusionarios; y lo que es peor, al final: en el reino lúgubre del odio y la barbarie».

No era pesimismo. Era previsión. Y ya estamos en la última fase.
Carlos Márquez-Sterling

39.
Nueva York, Mayo 24 de 1965
Sr. Armando García Sifredo
Director de Patria
Miami, Fla.

La omisión que hicieron de D. Manuel Márquez-Sterling, en la galería de presidentes cubanos, en el periódico Patria de tu dirección, con motivo del 20 de Mayo... me pareció... inverosímil, estando tan frescos aun los acontecimientos... Cuba ha tenido miles de hijos que contribuyeron a situarla en el progreso y adelanto que el comunismo ha destruido, entre ellos de una manera muy señalada quien no sólo presidió la República, en momentos de superior grandeza, sino que a lo largo de su vida puso cimientos de extraordiaria importancia para que Cuba mereciera el respeto del mundo exterior, como fue su gestión diplomática en Mexico en 1912, aplaudida en el Congreso de los Estados Unidos, así como los cuatro tratados fundamentales, más la Ley de cuotas azucareras, que durante su embajada en Washington firmó, que puso a Cuba entre los primeros pueblos de América Latina.
Carlos Márquez-Sterling

40.
Nueva York, Mayo 24 de 1965
Sr. Armando García Sifredo
Director de Patria
Miami, Fla.

Don Manuel Márquez-Sterling presidió la República durante dos días largos y fecundos, en enero de 1934, y con un desinterés y una grandeza patriótica inmensas, facilitó la elección de Carlos Mendieta. Su gesto fue extraordinario pues el ABC, el Conjunto Revolucionario Cubano, y el propio Mendieta, le pidieron que se quedara [de presidente] y él entendió que ese no era su papel ni el que los cubanos esperaban de él, que fue siempre un hombre de grandezas.
Carlos Márquez-Sterling

41.
[Nueva York] Marzo 14,1969.
Mr. José R. Pérez
Miami, Fla.

A mi padre, ya muy enfermo, le cayó la presidencia cuando Carlitos Hevia, la renunció, y en 48 horas aligeró la elección de [Carlos] Mendieta. Yo que le esperaba en Washington, cuando regresó de La Habana, le pregunté: «Viejo, por que no te quedaste en Palacio...» «Ay, hijo» –me respondió aquel gran corazón– «porque en Cuba, para salvarla hay que matar mucho, y yo no sirvo para eso...»

             Carlos Márquez-Sterling

42.
[Nueva York] Mayo 5, 1970
Dr. Rafael Guas Inclán
Miami, Fla.

Desde luego, un periodista como Don Manuel Márquez-Sterling no cabría en estos tiempos. Entonces se escribía para una clase selecta, y para un pueblo que seguía a esa clase. Nunca olvidaré, una piececita del Alhambra, en que el gallego (Pancho Bas) le preguntaba al negrito Acebal: «Oye, ¿tú lees a Marqueterlin?» Y el negrito haciendo alarde de conocimientos, contestaba: «¿A Maeterlink? Claro que lo leo. «No viejo, no te vayas tan lejos» –respondía el Gallego: «ven más cerca. Yo digo Marqueterlin». Y el público reía a coro, porque entendía quien era Maeterlink y quien Marqueterlin. Eso decía mucho de nuestro pueblo entonces, que iba a las zarzuelas del Albisu y de Payret, y llenaba el gallinero del Teatro Nacional para escuchar a Hipólito Lázaro dar el re natural, y a Caruso cantar el «Celeste Aída». Pero esos tiempos ya pasaron... desdichadamente. El mundo cada día se hace más técnico, menos romántico y aunque parezca raro también menos culto.

             Carlos Márquez-Sterling

43.
Miami, Agosto 13, 1983
Sr. D. Ernesto Ardura
Washington D.C.

En el *Miami Herald*... [en] un trabajo tuyo... en cuanto al proceso de la Enmienda Platt, creo que te ha faltado información porque sólo te refieres a la Conferencia de Montevideo y a lo que allí se trató... La gestión no se hizo simplemente [allí]. Eso ya traía causa de la propia revolución...

[Cuando] Grau fue elegido presidente [septiembre de 1933] por el Directorio Estudiantil, con carácter provisional uno de sus primeros decretos fue el de nombrar Secretario de Estado a Don Manuel Márquez-Sterling, de quien era muy amigo, [que en ese momento estaba como embajador en Washington nombrado por el derrocado presidente provisional Céspedes] y rogarle que se quedara en Washington gestionando su reconocimiento... [y] de seguir la negociación respecto a la derogación de la E. Platt.

En diciembre de 1933, se efectuó la Conferencia Interamericana de Montevideo, y ... allí, espontáneamente y sin requerimiento alguno del gobierno de Cuba, Cordell Hall pronunció un discurso, diciendo que los Estados Unidos estaban decididos a derogar la Enmienda Platt...

Recuerdo perfectamente todos estos pasajes no solamente porque yo me encontraba en Washington al lado de mi padre, sino porque después, a la muerte de éste, que ocurrió en diciembre de 1934, me hice cargo de su libro sobre la Enmienda Platt, y lo publiqué en Cuba, en 1941, con la información completa de aquella época.

Es cierto que a raíz de Montevideo la Enmienda Platt estaba virtualmente derogada, como dice Cordel Hull, en sus memorias... Pero a pesar de Montevideo... el asunto requería ser negociado y esta negociación le correspondió en todas sus partes y muy desde el principio de la Revolución de 1933, a Don Manuel Márquez-Sterling... en Washington, y no fueron pocas las veces que se entrevistó en unión de Sumner Welles, con el presidente Roosevelt, que lo distinguía muchísimo, y que fue a sus honras [fúnebres] en una de las Iglesias de Washington, antes de que Don Manuel fuera enviado a Cuba en el crucero Trenton...

En relación con la abrogación de la Enmienda Platt ha habido siempre discusión sobre quienes fueron los que más contribuyeron a su desaparición. Grau se atribuía todo el trabajo. Batista no le daba descanso en sus declaraciones apareciendo como el factor más importante. Claro, eran los resultados de la propia Revolución. Pero los datos que yo te envío son absolutamente reales, y muestran ese proceso que se hizo directamente, y no por las ramas.

Carlos Márquez-Sterling

44.
Nueva York, Agosto 27, de 1966
Francois Baguer
México. D.F.

Por cierto que cuando yo estuve preso en la Cabaña, al principio del sanguinario régimen de Castro, El Che me preguntó si yo había sido Ministro de Cuba en Buenos Aires. Y le dije: «No señor fue mi padre. Y de eso hace 52 años». El Che me dijo que el nombre le era familiar. Quizás eso me evitó mayores molestias.

Carlos Márquez-Sterling

Hombre de un espíritu selecto Márquez-Sterling en muy raras ocasiones compartía o revelaba sus profundos estados anímicos a aquellos que no fueran de su círculo filial más íntimo. En las ocasiones en que lo hacía era a aquellos amigos que le habían durado toda una vida, como se ve en las siguientes cartas 45 y 46. De joven una de sus pasiones fue la Opera y en la familia siempre corrió la historia de que cuando el tenor Caruso y el barítono Ruffo estuvieron en la Habana, al oír su voz, le ofrecieron que se fuera con ellos para dedicarse por completo al canto. En su biblioteca Márquez-Sterling tenía un enorme retrato de Caruso en el role de Canio de «Pagliacci» con una efusiva dedicatoria muy amistosa. Este retrato le fue robado al ganar la revolución y su paradero es hoy un misterio.

45.
[Nueva York], Mayo 4 de 1966
[Sr. Arturo Alfonso Roselló]
[Sin dirección postal]

Aquí fui una noche con mi hijo Manuel, al Metropolitan que desaparecerá este año bajo la piqueta demoledora, y escuchamos una «Bohemia» estupenda a la Tebaldi, y un barítono que me recordó a Titta Ruffo, mi héroe de años mozos. Pero me llenó de melancolía todo eso, porque no hay nada como la música −y la de Puccini más todavía− para recordar. Y eso de que recordar es volver a vivir es verdad pero sin la realidad de lo que el recuerdo renueva. Yo conservo mi voz abaritonada... y ella me ayudó a presidir la Cámara y la Convención del 40. Tiempos pasados que no volverán ni siquiera en el sucedáneo.

Carlos Márquez-Sterling

46.
[Nueva York] Agosto 27 de 1966
Dr. Juan J. Remos
Miami, Fla.

Hace poco días estuve en Santo Domingo y tuve el gusto de ver allí a muchos amigos y de sentirme como en la Patria por el ambiente, el clima, el panorama y la vegetación. En algunos momentos sentí una gran tristeza bajo aquellos cielos azules como el nuestro donde Martí y Máximo Gómez gestaron lo que ahora hemos perdido. Visité Baní y Montecristi.

Carlos Márquez-Sterling

A su hermana Lolita Guiral de Costa la quería entrañablemente y siempre la tenía en su mente. La muerte de ella sin poder verla otra vez fue una de sus más grandes tristezas en el exilio. Carta 47.

47.
[Nueva York] Sep. 21 de 1966
[Arturo Alfonso Roselló]
[Miami, Fla.]

[A Lolita]... yo la quiero muchísimo, muchísimo, y el saber que quizás no vuelva a verla más nunca, es cosa que me llena de pena, y hay días que la tengo estereotipada en la mente. Ella no ha querido salir de Cuba. Y sufren mucho...

Carlos Márquez-Sterling

A todo lo largo de su exilio y aun en los momentos más amargos y difíciles su carácter estoico nunca le dejo proferir quejas enfrente de aquellos que pasaban por las mismas circunstancias. Muy al contrario, sus expresiones siempre eran las de fe y de mirar al futuro y agradecer a aquellos que de alguna forma le habían ayudado, como bien se aprecia en la última carta 48 que cierra este capítulo.

48.

Nueva York, Julio 31 de 1962

[Sr.] Antonio [Casabuena]

[Sin dirección postal]

Yo he pasado y te lo confieso, por momentos muy graves. A pesar de haber visto venir los acontecimientos en Cuba, no me preparé para ellos y el ciclón me cogió con las puertas de la casa abiertas. En este sentido he pasado momentos muy difíciles, y si ya me voy encausando se debe a la ayuda de amigos muy queridos que me han auxiliado en esta época de mi vida que jamás olvidaré.

Carlos Márquez-Sterling

ENTRE HORMIGAS   Por Roseñada

—¿Y estas piernas?
—Deben de ser de Márquez Sterling porque es uno de los pocos políticos de la oposición que tiene los pies sobre la tierra....!

Diario de La Marina. —Sábado, 8 de octubre de 1955.

IV

LA CRUZADA DE 1958

Porque eso de, «Todos nos equivocamos», no deja de ser una defensa de todos aquellos que se equivocaron.
  Carlos Márquez-Sterling
 Nueva York, Octubre 25, 1974
  Al Dr. Rafael Guas Inclán

Carlos Márquez-Sterling con Néstor Carbonell y Andricaín y otros compañeros del Partido del Pueblo Libre en 1958.

INTRODUCCIÓN

1

El golpe de estado de Fulgencio Batista del 10 de marzo de 1952 sacó a Cuba de su cauce constitucional establecido por la Constitución de 1940. Con este inesperado e insólito episodio en nuestra historia republicana [1902-1952] se abrió una crisis política que en menos de siete años habría de destruir por completo a la República de Cuba gestada a todo lo largo de nuestras guerras de independencia y, con grandes sacrificios, fundada en 1902.

El derrocamiento del gobierno constitucional por Batista fue casi universalmente repudiado por los partidos políticos y las fuerzas cívicas del país. Sin embargo, no pasó así con respecto a que procedimientos o tácticas se debían seguir para devolverle al país su ritmo constitucional y restaurar el gobierno democrático. Esencialmente se puede decir que la oposición a Batista tomó dos vertientes. La primera, que se llamó «Electoralista», preconizaba subsanar el bache constitucional por vías pacíficas, y por medio de las urnas electorales para producir así un compromiso nacional que le evitara a Cuba futuras conmociones revolucionarias con sus secuelas de destrucción y derramamientos de sangre. La segunda fue la llamada «Abstencionista» y/o revolucionaria[1]. Esta, desde el primer momento, demandó como condición «sine qua non», pero sin tener las fuerzas necesarias para producirlo, «la renuncia inmediata» de Batista seguida por la formación de un llamado «gobierno inequívocamente neutral», bajo el cual

---

[1] El abstencionismo era la táctica o estrategia de no concurrir a elecciones como rechazo al gobierno en el poder al que se le negaba legalidad para convocar los comicios. En la crísis de 1952-1959 el «abstencionista» rechazó el sufragio como fórmula de paz y conciliación creando así un vacío político que propició el triunfo de la revolución de Castro. Márquez-Sterling también coloca dentro del movimiento o tesis abstencionista al apolítico y al bombín. Éstos eran cubanos que rechazaban participar en las lidias políticas de la nación, especialmente en las electorales, por considerarlas sucias y muy por debajo de su reputación ciudadana. El apolítico y el bombín, sin embargo, no eran reticentes a figurar en gabinetes y ocupar altas posiciones ejecutivas. Su manera de llegar a ellas era por la «designación de dedo» lo que les eximía de medirse contra otros en contiendas electorales. Su inclinación filosófica en la política era la del «despotismo ilustrado».

Cuba retomara el cauce constitucional. Esta oposición, al contrario de la primera, rechazaba toda solución que involucrara acuerdos con Batista y los personeros de su gobierno. De más está decir que la oposición «abstencionista» también repudiaba de plano el asistir a procesos electorales y, vitriólicamente, acusaba a todos aquellos que preconizaban soluciones pacíficas concertadas con el régimen del 10 de marzo, de estar «tramitados» o sea, de «hacerle el juego al gobierno». Es conveniente anotar aquí que dentro del propio régimen también existían dos facciones que de cierta forma reflejaban las de la oposición. O sea, una dispuesta a llegar a acuerdos pacíficos con la oposición y la otra, la intransigente, también conocida como «tanquista» por ufanarse de tener los tanques y las armas del ejercito.

A todo lo largo de esos años [1952-1958], y muy en especial después del desembarco guerrillero de Fidel Castro en Oriente, en 1956, Márquez-Sterling insistió que fomentar una revolución, especialmente acaudillada por Fidel Castro, joven de bien conocido y turbio pasado «bonchista» y gangsteril en la Universidad de La Habana, y de sospechosas conexiones con el comunismo internacional, era no sólo erróneo, si no también altamente peligroso por las implicaciones y consecuencias que ésta, de triunfar, podían acarrearle al país. «Una revolución», afirmó Márquez-Sterling constante y proféticamente durante todo ese proceso, «sólo podría traer la anarquía y desembocar en una dictadura de tipo totalitario que Cuba nunca antes había experimentado». Para él, la lucha contra Batista tenía que ser la de un gran movimiento cívico-electoral de todas las fuerzas políticas unidas. Tales propósitos fueron rechazados con acritud y violencia por las otras fuerzas políticas de la oposición que abogaban por el abstencionismo electoral y el uso de la violencia contra el gobierno. Por mantener su tesis cívico-pacífica Márquez-Sterling fue objeto de toda clase de calumnias y de tres atentados contra su vida perpetrados por jóvenes del Partido Ortodoxo, donde él militaba, y del movimiento comunista cubano.

En agosto de 1957, después de tratar infructuosamente de llevar al Partido Ortodoxo a la lucha cívico-electoral que con las elecciones presidenciales de 1958 ya se aproximaba, Márquez-Sterling se separó definitivamente del mismo para fundar el Partido del Pueblo Libre. El Partido Ortodoxo, fundado por Eduardo Chibás, había caído en las manos de los elementos más radicales que se inclinaban hacia Castro y que estaban comprometidos con las soluciones violentas para derrocar a Batista.

Convencido de que Cuba en estas condiciones marchaba al desastre, y urgido por aquellos que querían evitar la catástrofe nacional, al acercarse las elecciones presidenciales de 1958, Márquez-Sterling decidió presentarse de canditato. Las elecciones de 1958, en las cuales Batista no podía postularse por haber restaurado la Constitución de 1940 que prohibía la reelección, se iban a celebrar (como se habían acordado por los personeros del régimen y la oposición política) bajo todas las garantías que la misma establecía[2]. Las garantías también incluían el Código Electoral de 1943 que prescribía el voto libre y directo para presidente, la entrega libre a los ciudadanos de sus cédulas o carnets electorales, y la representación de todos los partidos políticos en las mesas en donde se habrían de contar los votos depositados en las urnas. Batista, por su parte, se había comprometido públicamente ante la nación y asegurado extraoficialmente a los personeros de los diferentes partidos de oposición, que las elecciones de 1958 habrían de ser tan limpias y honradas como las de 1944.

No había dudas de que el clima en que las elecciones de 1958 se habrían de celebrar no era perfecto, ya que el país se encontraba con las guerrillas de Castro en la Sierra y con los revolucionarios y el gobierno entregados a un terrorismo mutuo que coartaba muchas de las normales actividades de una campaña electoral. Esto, sin embargo, no era óbice para Márquez-Sterling ya que él entendía que en realidad las elecciones de 1958 más que una competencia rutinaria de candidatos y programas a realizar, venían a ser un plebiscito nacional para salir pacificamete del impasse político en que se vivía. Era la más firme convicción de Márquez-Sterling que una asistencia masiva de

---

[2] Al respecto, las reuniones llamadas Interparlamentarias se llevaron a cabo en 1957 a través de una Comisión Bicameral con el objetivo de buscar un arreglo electoral con la oposición. A ella se invitaron las fuerzas políticas de la oposición para que emitieran su opinión y presentaran por escrito sus demandas. Sus resultados fueron conceder todas las garantías legales que la oposición electoralista demandaba para la celebración de elecciones en 1958. Sin embargo, los ortodoxos abstencionistas y otros factores revolucionarios y cívicos, entre éstos el Comité Conjunto de Instituciones Cubanas, la rechazaron de plano alegando que el pueblo no respaldaba tales arreglos.

los electores y los partidos políticos a las urnas haría imposible el fraude por parte del gobierno y evitaría al mismo tiempo el triunfo de Castro al que él contemplaba como una verdadera amenaza para la democracia cubana.

Inspirado así, Márquez-Sterling hizo un llamado nacional a la razón y al patriotismo del pueblo, de los dirigentes políticos abstencionistas-revolucionarios, y a todas las asociaciones cívicas del país para que se unieran a su cruzada o que, por lo menos, los revolucionarios suspendieran la violencia durante el proceso electoral. Y para avalar su buena fe, ausente de protagonismos estériles, Márquez-Sterling también se comprometió públicamente ante el pueblo de Cuba y las dirigencias políticas abstencionistas y revolucionarias que combatían a las elecciones con saña, y que habían acordado no tratar con el régimen de ninguna manera, que de ser él electo habría de reducir su mandato a dos años y celebrar entonces nuevas elecciones presidenciales en las cuales él no se presentaría otra vez de candidato. De esta forma, y bajo su presidencia garante e imparcial, y con Batista y su régimen ya fuera del cuadro político y del país, poder producir el ansiado compromiso nacional que restaurara el ritmo constitucional, y cerrara el paréntesis abierto seis años antes por el golpe de estado.

En todo este proceso y por el prestigio de su limpia ejecutoria política en el pasado, Márquez-Sterling contemplaba su role como el de pacificador y puente de tránsito, para evitarle a la nación males mayores que él definitivamente avisoraba de triunfar la revolución de Fidel Castro. Para Márquez-Sterling el momento no era el de «castigar a Batista», sentimiento que primaba dentro del abstencionismo revolucionario, sino el de evitar la catástrofe de la República. Ahí están sus proféticas palabras en 1958: «Tenemos que salir de la dictadura de Batista sin caer en los riesgos de la tiranía de Castro que éste [ya] viene preparando desde la Sierra Maestra».

En medio del arduo proceso electoral cuyos propugnadores y candidatos se veían atacados física y mortalmente por los revolucionarios en las ciudades, y por Castro y sus secuaces desde la Sierra Maestra, Márquez-Sterling hizo constantes llamados a la ciudadanía para que saliera a votar. Sus palabras resultaron proféticas. Así, por la televisión y en sus discursos repitió que: «Ni el gobierno de Batista ni la sangre derramada por los nuevos caudillos perniciosos [Castro] serían la solución correcta del grave problema cubano y que sólo unas elecciones libres, con todas las garantías ofrecidas por la Constitución del 40 podrían devolver la paz a Cuba».

También con un ojo bien puesto en los elementos «tanquistas» e intransigentes dentro del régimen, Márquez-Sterling acertadamente pronosticó la muerte de la democracia cubana si éstos no dejaban celebrar las elecciones correcta y honestamente: «Si triunfa Fidel Castro después que Batista se robe las elecciones, tendremos gobiernos dictatoriales y oposiciones errantes y clandestinas, lejos de nuestro bendito suelo». Márquez-Sterling entendía que había que romper la convergencia que de facto, y por sus propias y diferentes razones, existía entre Castro, los abstencionistas revolucionarios, y los intransigentes o «tanquistas» del gobierno, por hacer fracasar el proceso electoral. Estas palabras se hicieron una patética realidad cuando apenas dos meses después que Batista se robara las elecciones la revolución de La Sierra resultaba triunfadora.

Hoy, a la vuelta de casi medio siglo del horror que la revolución castrista ha representado para Cuba cabe meditar sobre la frustrada gestión de Márquez-Sterling en 1958. Muchas preguntas tienen que asaltar a los que sin pasiones y con todos los documentos en la mano estudien el caso. ¿Pudo haberse resuelto el gran impasse nacional si el gobierno de Batista hubiera contado los votos sin fraudes y aceptado la victoria que, sin dudas de ninguna clase, perteneció a Márquez-Sterling?¿Hubiera podido Márquez-Sterling, una vez triunfante, llevar a cabo la transición pacífica frente a la intransigencia de los abstencionistas y Castro en las montañas? Márquez-Sterling nunca dudó que esto fuera así.

Todo esto significa que para siempre quedará en la historia de Cuba la incógnita del camino que el cubano, no por falta de consejos y prédicas, no tomó y no recorrió. Y esta punzante incógnita se hace aun más significativa y, por lo tanto, más dolorosa frente a los casos de Venezuela en 1962 y Nicaragua y El Salvador en los años 80. En estos dos últimos países, con sus ciudadanos en peores circunstancias que los cubanos de 1958, sus líderes, hombres de masa, ricos y pobres y todo el pueblo se decidieron a apoyar la solución electoral que hizo imposible el triunfo del totalitarismo comunista. Si estos casos sirven de ejemplo o patrón hoy se puede aseverar, con justicia, que la celebración de elecciones honradas en Cuba en 1958, con el reconocimiento de la victoria de Márquez-Sterling, y con la salida del poder y de Cuba de Batista hubiera, indiscutiblemente, cambiado el rumbo de la historia de Cuba y hecho imposible la toma del poder absoluto por Castro en 1959, que era para Márquez-Sterling uno de sus más firmes propósitos. «Pero los cubanos», como siempre dijo él «no quisieron escuchar».

2

Los pronunciamientos políticos de Márquez-Sterling y sus opiniones durante la crisis cubana de los años 50 se hallan recogidos, –si es que el régimen ya no los ha destruido–, en cientos de periódicos, folletos, entrevistas, declaraciones por televisión y radio, de 1952 a 1959. Algunas de estas fuentes se pueden consultar en algunas bibliotecas y archivos de este país. También existe su «Historia de Cuba: Desde Colón hasta Castro», y su correspondencia privada en el exilio ahora depositada para la posteridad en la «Cuban Heritage Collection» de la Universidad de Miami. Así también es imprescindible incluir el video «Que los Quiero Conocer», realizado por Miguel González Pando de la Universidad Internacional de la Florida.

En su exilio transcurrido en los Estados Unidos, desde 1959 hasta su muerte en Miami en 1991, Márquez-Sterling fue bien parco en hablar y escribir públicamente sobre su prédica y cruzada de 1958 por evitarle a Cuba el desastre de Castro. A pesar de ser uno de los pocos que certeramente vio y predijo todo lo que se cernía sobre nuestra patria, lo que le daba la fuerza moral de recordárselo a sus compatriotas, Márquez-Sterling decidió ser discreto al respecto. Era su opinión, la que con frecuencia lapidaba con la frase de que, «aguas pasadas no mueven molinos», que las polémicas del pasado debían olvidarse ya que éstas sólo contribuían a exacerbar el divisionismo en el exilio, y hacer más difícil la unidad de todos contra el régimen de Castro, objetivo por el cual luchó incansable mas infructuosamente hasta su deceso.

3

La filosofía, o los principios políticos que animaron a Márquez-Sterling a presentarse de candidato a la presidencia en 1958 para resolver la gran crisis cubana de aquel momento se pueden colegir de todas las fuentes mencionadas más arriba, y muy en especial de su correspondencia privada. Éstos se pueden resumir de la siguiente manera:

1. Que para la seguridad de la frágil República el golpe de estado de Batista, reprobable como era, y que él nunca dejó de combatir, tenía que resolverse de una forma pacífica.
2. Que el peor de los acuerdos pacíficos es siempre mejor que la mejor de las revoluciones, especialmente la de Castro, un líder que tenía gravísimos antecedentes gansteriles y bien conocidas conexiones con el comunismo.
3. Que la solución cubana no podía estar basada solamente en formulas vengativas de «castigar a Batista», sino para evitarle a la patria males mayores y poder salir del bache constitucional generado por el golpe.
4. Que la mejor de las vías era la libre y honrada consulta electoral a la cual deberían acudir unidas todas las fuerzas cívicas y políticas del país, ya que eran las urnas en donde Batista resultaba más vulnerable.
5. Que no era insólito en la historia política de nuestro hemisferio que golpes de estado se hubieran resuelto por procesos políticos y,
6. Que en nuestra propia historia republicana existía el precedente del compromiso Menocal-Zayas como forma de superar el fraude y «brava» electoral de 1916. Y que este acuerdo le había evitado a la República desintegrarse en una situación de violencia revolucionaria con su concomitante intervención americana, intervención que por las condiciones existentes en el tablero mundial podía hacerse permanente.

Es necesario apuntar aquí que a lo largo de su carrera política Márquez-Sterling siempre consideró al sufragio como la voz inequívoca del pueblo en acción pacífica, y un derecho del ciudadano no sólo imprescriptible sino irrenunciable. Era su más firme opinión que retraimientos y abstencionismos de partidos políticos y de ciudadanos de los procesos electorales, especialmente en momentos de grandes crisis nacionales, sólo habían producido en nuestra historia resultados negativos, como en 1902, y catastróficos en 1958. Para él las contiendas electorales eran el derecho y la ineludible responsabilidad legítima de los partidos políticos

En 1902, Bartolomé Masó y Márquez, juzgando que las primeras elecciones presidenciales de Cuba estaban organizadas, o inclinadas de antemano, para producir el triunfo de Don Tomás Estrada Palma, optó por ordenarle a sus partidarios el retraimiento electoral. Sin embargo, en la provincia de Camagüey el jefe de los masoistas, Salvador Cisneros Betancourt, el Marqués de Santa Lucia, candidato a senador, decidió ignorar las órdenes de Masó y asistir a la competencia electoral. Camagüey resultó ser la única provincia que perdiera Don Tomás, dejando así para siempre la incógnita de cual hubiera sido el rumbo histórico de Cuba si Masó no hubiera decretado el retraimiento. El retraimiento tuvo el resultado de dejar a Don Tomás Estrada Palma y sus partidarios sin oposición y en virtual control de la política nacional, condiciones éstas que, sin dudas, lo llevaron más tarde a su desastrosa reelección en 1905.

Márquez-Sterling también creía que el temor al fraude electoral, si el gobierno establecía de antemano las condiciones y las garantías necesarias para un proceso honrado, como se hizo en 1958, no debía ser motivo de retraimiento o «abstencionismo», como se le llamaba a aquel en los años 50, sino al contrario, que esto debería provocar un movimiento masivo y unido de la ciudadanía hacia las urnas para hacer imposible el fraude electoral como se había hecho en 1944. El fraude electoral, como había sucedido en 1905 con Estrada Palma, en 1916 con Menocal, y más tarde en 1928 con Machado y su «cooperativismo», lejos de legitimizar a sus gobiernos los hundieron aun más en la ilegalidad y prepararon el camino para el derrocamiento tanto de Estrada Palma como de Machado.

4
LAS CARTAS

Los abstencionistas tuvieron al principio del régimen de Batista la dirección de la oposición rechazando todo acuerdo pacífico viable que se pudiera encauzar por las vías electorales. Durante este tiempo su fórmula para la solución del impasse nacional era

demandar como condiciones «sine qua non», la inmediata renuncia de Batista, y la formación de un gobierno «inequívocamente neutral». Estas demandas por irrealizables, hacían imposible llegar a un compromiso nacional. La alternativa del abstencionismo, ante las negativas del régimen a acceder a sus demandas, era abogar y laborar por el derrocamiento revolucionario de Batista. Incapaz de lograr esto el abstencionismo, sin embargo, no estaba dispuesto a que otras fuerzas políticas de la oposición llegaran a fórmulas pacíficas desatando contra ellas y sus personeros un verdadero terrorismo verbal de falsas acusaciones y calumnias. De esta forma se fue creando el vacío que menciona Márquez-Sterling en la carta # 1. Márquez-Sterling comprendía muy bien que el universo de la política no tolera los vacíos. Véase también la # 2 en la cual Márquez-Sterling llama la atención a que la revolución nunca triunfaría hasta que el camino cívico de las elecciones quedara cerrado por completo. Esta idea fue un verdadero leitmotiv en su cruzada.

Con la frase de que [la revolución] «adquirió su fase ejecutiva con el desembarco del Granma», en la carta # 2, Márquez-Sterling quiere significar que Castro, al llevar a cabo la lucha armada dentro de la propia Cuba, empezó a desplazar a los abstencionistas de la liderutura de la oposición y a llenar el vacío creado por el abandono de éstos de los procesos políticos. Esta suplantación era inevitable y se produjo gracias a que la mayoría de los abstencionistas revolucionarios vivían cómodamente en los salones refrigerados de Miami, recibiendo salarios, pensiones, emolumentos y retiros, sin ser interrumpidos o confiscados por el régimen al que públicamente y por medio de conspiraciones preconizaban derrocar violentamente. Castro también entendió esto perfectamente y de aquí su boicoteo feroz a una elección honrada, la cual llevada a cabo, cegaría la brecha o vacío por el cual planeaba tomar el poder. En cuanto al deseo prepotente de los abstencionistas materializado en la frase de «castigar a Batista» léase la carta # 3.

1.
New York, junio 24 de 1965
Dr. Santiago Rey Pernas
Miami, Fla.

En 1952 y años subsiguientes Cuba se adhirió al abstencionismo y Castro encarriló su revolución por el vacío que producen los abandonos cívicos del sufragio...

Carlos Márquez-Sterling

2.
Washington, Enero 10 de 1960
Sr. Horacio Aguirre
Director Diario Las Américas
Miami, Fla.

En efecto, los abstencionistas hicieron revolución pasiva, y se cruzaron de brazos en el orden de la acción, frente al dilema que vivía el país. O derrotábamos a Batista por medio de las urnas, como sucedió en el 44, o lo derrotaba la revolución cuando el camino de las urnas se cerrara definitivamente. Los abstencionistas no hicieron una cosa ni la otra. No hicieron política y calumniaron impíamente a los que la hicimos, y no hicieron revolución activa pues no tomaron las armas en la mano cuando ésta adquirió su fase ejecutiva con el desembarco del Granma... [el 2 de diciembre de 1956].

No deja de ser menos cierto que los abstencionistas cuando tuvieron la dirección de la política jamás quisieron elecciones y que esa postura propició a la larga el aspecto típicamente que adquirió la guerra civil, en que los ocupantes de La Sierra fueron decisivamente al boycot de toda expresión cívica, atemorizando al país con aplauso de los abstencionistas que estaban despojándose voluntariamente de sus derechos civiles y políticos, los que iban a perder definitivamente cuando triunfaran las guerrillas de Castro, adiestradas y dirigidas por extranjeros,[3] que maldito lo que les importaba la tradición democrática del pueblo cubano.

Carlos Márquez-Sterling

---

[3] Comunistas como el general Bayo.

3.
[Nueva York] Julio 29 de 1963
Sr. Mario Barrera
967 SW. 5 Sr, Apto 5.
Miami, Fla.

El amor entre los cubanos, que entraña el culto a la nación ha desaparecido hace muchos años, ... nació el odio, y este odio tuvo alianzas con el que los comunistas preconizaban. Si estudiamos el fondo de nuestro drama nos encontraremos que de la alianza entre el odio de los apolíticos, que confundían la politiquería con la política, y el de los comunistas nació Fidel. ¡Quién podía haber pensado que del huevo de la frivolidad cubana pudiera haberse incubado una serpiente con garras de tigre como Castro!

Carlos Marquez-Sterling

Para Márquez-Sterling el 14 de Diciembre de 1957, resultó ser una fecha coyuntural y fatal para el destino de la República. (Carta # 4.) En su criterio fue aquí con la captura y subordinación del movimiento abstencionista revolucionario donde se inicia, en realidad y en La Sierra, la Dictadura de Castro. Reunidos en Miami todas las fuerzas abstencionistas revolucionarias, desde las del ex presidente Carlos Prío hasta las del propio Movimiento 26 de Julio para constituir la «Junta de Liberación Cubana», un frente unido contra Batista, habían acordado que al caer éste se nombrara presidente provisional al Dr. Felipe Pazos, distinguido economista de reconocida capacidad. Sin embargo, Castro, desde la Sierra, ásperamente rechazó el acuerdo declarando el 14 de diciembre que la selección del presidente provisional ya estaba hecha y que había sido designado para presidente al magistrado Manuel Urrutia Lleó. Además Castro reclamó para su movimiento la función de mantener el orden público y reorganizar el Ejercito una vez derrocado el régimen. Las decisiones de Castro, que él llamaba sugerencias, fueron más tarde ratificadas en Caracas.

Lejos de denunciar la designación de Urrutia como un «coup», y una arbitraria imposición de Castro que violaba lo ya acordado en Miami, los abstencionistas revolucionarios, con la excepción de Tony Varona, político Auténtico, la aceptaron sin protestar. Así también aceptaron las futuras milicias, la disolución del Congreso y del Poder Judicial, en fin, todas las instituciones de la República que podían constituir los valladares al poder absoluto de Castro. Y todo esto frente al hecho de que ya se encontraba en la Sierra el líder comunista Carlos Rafael Rodríguez quien a nombre del Partido Socialista Popular (Comunista) le había hecho entrega al «Máximo Líder» la suma de ochocientos mil dólares. Al bajar de la Sierra Carlos Rafael Rodríguez, en medio de un ambiente en que se rumoraba intensamente que Raúl Castro en la Sierra Cristal estaba en relaciones directas con los jerarcas comunistas de Cuba, se comunicó con los líderes de la «Junta» para informarles que Fidel «deseaba» que el Partido Socialista Popular [Comunista] también formara parte del «Pacto». Si bien esos líderes rechazaron la «sugerencia» del «Máximo Líder» no supieron comprender a cabalidad el verdadero mensaje que había bajado de la Sierra: Que así como Urrutia, había pasado a ser una imposición el nuevo «deseo» de Castro también habría de convertirse en otra imposición. Con todo esto la flamante «Junta de Liberación» no se había percatado que había quedado convertida en un frente vacío y en un muñeco de La Sierra y los comunistas. ¿Cómo era posible que, de ahora en adelante, los políticos abstencionistas de la «Junta» pudieran oponerse a las «sugerencias» o «deseos» que en realidad, eran decisiones de ordeno y mando del nuevo Comandante en Jefe de las Fuerzas Armadas de la Revolución? Desde este momento en adelante lo único que separaba a Cuba de la victoria del castro-comunismo era que las elecciones de noviembre de 1958 se llevaran a cabo honradamente y se reconociera al ganador en las mismas.

Todas las sanas y lógicas razones políticas indicaban que los abstencionistas, ante la imposición de Castro, y la bien conocida infiltración comunista en La Sierra, le retiraran su apoyo y, si bien no se unieran a la oposición civilista, al menos decretaran una tregua en su campaña de calumnias y violencias contra la misma. A pesar de que el comunismo de Castro ya era bien conocido por todos los que participaban en la lucha contra Batista, los abstencionistas revolucionarios, en vez de informar al mundo «lo que representaba aquella Revolución», prefirieron callar y subordinarse a los dictados de Castro. Y no sólo aceptaron el «diktad» del dictador de la Sierra Maestra, sino que por medio de José Miró Cardona, el coordinador del frente revolucionario, remacharon ante el «Cuarto Piso» del Departamento de Estado en Washington, que había manipulado todas sus fuerzas en respaldo a Castro, su declaración de que ni Grau San Martín, ni Márquez-Sterling, candidatos oposicionistas en las elecciones de 1958 podían, en ningún caso, representar la voluntad del pueblo: Éstos, en su opinión, «se subordinaban al proceso electoral promovido por el régimen tiránico que existía en Cuba». La ironía de tales palabras, después de haberse ellos subordinado a las imposiciones de Castro, no podía ser más descarnada. Es por eso que Márquez-Sterling, ya en el exilio, no aceptó jamás la tesis de la «revolución traicionada», o el descargo que tanto se oía de «me engañaron». Después del asentimiento al «diktad» de Castro en Diciembre de 1957 reiterado en Caracas, por los abstencionistas y los revolucionarios no castristas, no era aceptable que para justificar su equivocación hablaran de traición o engaño. Véanse a continuación las cartas #s 4 y 5, 6, y las 56 hasta la 60.

4.
Miami, Febrero 22, 1985
Sr.Manuel Prieres
Miami, Fla.

Cuando Castro se sintió lo suficientemente fuerte para prescindir de los políticos «abstencionistas», en diciembre de 1957 los mandó a paseo. Estos políticos, cómodamente sentados en Miami, habían designado para presidente provisional, a la caída de Batista al Dr. Felipe Pazos. Castro, por el contrario, desde la Sierra impuso al magistrado Urrutia, persona respetable pero sin ninguna representación política ni revolucionaria, [y] que había jurado los estatutos de Batista, y al cual nadie seguía, por resultar totalmente desconocido del pueblo cubano, y a quien los Estados Unidos, en su momento, y en apoyo de la Revolución Castrista, que era contra ellos, introdujo en Cuba, a fines de diciembre de 1957.[4]

---

[4] Éstos eran los llamados «Estatutos de Dolores», por haber sido proclamados el viernes de Dolores de aquel año de 1952. Los «Estatutos de Dolores» eran un remedo de la Constitución de 1940 adaptados a las circunstancias creadas por el golpe de estado. Una vez puestos en vigor, los funcionarios públicos, para poder seguir ejerciendo sus cargos tenían que formalmente jurarlos. La oposición revolucionaria juzgaba esto como una sumisión y aceptación del régimen y tachaba y condenaba a los que así hicieron. Parece ser que por el año de 1957 los que se bañaban en el Jordán de la Sierra Maestra quedaban limpios de esa otrora infamante mácula.

Diciembre de 1957, era la fecha, para los que apoyaban a Castro desde el extranjero, se hubieran separado de aquel, que en esa forma dictatorial los trataba. Y le hubieran informado al mundo lo que representaba aquella Revolución, articulada, con el afán de conectarse con Moscú... Esto lo sabíamos todos los que estábamos tomando parte en aquella lucha, sin estar con el gobierno de Batista, pero tampoco con la revolución castrista.

Los elementos políticos «abstencionistas» que apoyaron a la Revolución de Castro no tenían nada que hacer allí. La guerra guerrillera se libraba en la Sierra, mientras ellos se hallaban, exiliados, en Miami tranquilamente, sin nada que arriesgar. Los políticos más combatidos por Castro, le reunieron medio millón de dólares para que llevara a Cuba, desde un puerto de México, la expedición del Granma. Todo esto, después del asalto al cuartel Moncada que Fidel Castro llevó a cabo y que le costó la vida a muchos jóvenes que fueron allí engañados. El comunismo de Castro estaba bien manifiesto desde el principio de sus actuaciones públicas. Y era conocido por muchos hombres públicos, entre ellos nosotros, que lo denunciamos a su debido tiempo.... En la Universidad de La Habana, de la que yo era profesor, y en la dirección de todos los partidos políticos era conocido su viaje a Bogotá... que le fue pagado por la dirección del Partido Comunista Cubano...

Carlos Márquez-Sterling

5.
Nueva York Enero 1962.
Ambassador Nicolás Arroyo
Washington D.C.

Estoy enfrascado en terminar mi libro sobre Castro y Cuba, y voy adelantadísimo. Es hora de presentar los hechos, como fueron, y no como se han desfigurado. Creo que mi libro va a hacer impacto, pues en él se demuestran tres cosas: primero que Castro no tuvo otra finalidad desde el principio que destruir toda solución pacífica; segundo: que para ello contó con el partido comunista desde un principio; tercero: que los políticos, en 1957, cuando él los traicionó, y les impuso a Urrutia, después que en Miami designaron a Pazos, se sometieron a su voluntad, y realizaron, paso a paso, la destrucción de todos los ideales democráticos cubanos, y después la del país, hasta que él los fue botando de su lado.

Tengo muchos datos, mucha literatura convincente, y de paso aprovecho para que se vea nuestro esfuerzo ingente y constante de salvar a Cuba del comunismo».

Carlos Márquez-Sterling

6.
Nueva York, Noviembre 8 de 1966
Sr. Alfredo Álvarez Torres
Miami, Fla.

Cuando la mayoría de nuestros «hombres públicos», ... se plegaban a Castro y a los Ucases que este lanzaba desde La Sierra, yo les decía: «¿Caballeros, si esto es ahora que es oposición, y necesita, qué será de nosotros cuando sea Gobierno? Pero no quisieron escuchar...».

Carlos Márquez-Sterling

7.
Miami, Septiembre 16, 1982
Sr. Virgilio Ferrer Gutiérrez
Madrid 27, España

Siempre recuerdo esta anécdota de una reunión en mi casa... con el propósito de unificar políticamente, a la oposición, y dejarle la revolución a Fidel Castro... en la Sierra.

Trataba yo de convencer a mis co-participantes de los peligros que suponía la Sierra, cuando uno de los concurrentes se encaró conmigo, y me dijo: «Chico, yo no sé por que tú estás tan preocupado con la Sierra, porque cuando ésta gane nombramos a Fidel Castro jefe de Policía de la Habana, y santas pascuas».

Yo me indigné de la ignorancia que suponía aquella idiotez y le repliqué: «Cuando Castro gane, no te nombrará a ti ni siquiera Oficial clase Quinta de un ministerio».

Carlos Márquez-Sterling

En realidad, fueron muy pocos los líderes políticos cubanos los que comprendieron o supieron ver lo que en realidad significaba la

Sierra y las implicaciones de su triunfo. Léanse a continuación las cartas 8, y 9.

8.
Nueva York, Julio 5, 1974
Dr. Mario Cobas Reyes
Miami, Fla.

Con muy pocas excepciones, amigo Mario, los políticos le sirvieron en bandeja de plata, a Castro el apoyo que éste nunca mereció. Actuaban sin conciencia de lo que venía. Yo bien se los dije, pero no me hicieron caso. Después, cuando debieron oponerse a Castro, le dejaron el campo libre, y naturalmente vino todo lo demás...

Carlos Márquez-Sterling

9.
Sr. Gonzalo Facio
Diario Las Américas
Miami, Fla.

En Cuba no hubo ninguna revolución traicionada. Desde el principio se supo que era comunista y que así venía organizada desde México. Pero a los que combatían al gobierno de Batista desde el campo de la Revolución, les convino desde el comienzo de las «locuras» de Castro, silenciar esa gran verdad, que nosotros, desde el Partido del Pueblo Libre denunciamos, una y otra vez, debido a las informaciones que nos llegaban desde México.

Carlos Márquez-Sterling

La número 10 que nunca se envió se da aquí a la publicidad por primera vez. Escrita durante el intenso período poco antes de la invasión de Cochinos, Márquez-Sterling decidió guardarla para no provocar aún más el divisionismo en el exilio. Miró Cardona había sido uno de los más acervos críticos de Márquez-Sterling y su tesis electoral. Como se ha dicho más arriba fue Miró Cardona quien llevó el mensaje al State Department de que la elección de Márquez-Sterling, aún honrada, era inaceptable. En la carta Márquez-Sterling, con un buen toque de ironía, le recordaba a Miró de como éste había, después de todo, llegado a coincidir con lo que él había dicho en 1958. Después del fracaso de la invasión

Márquez-Sterling y Miró Cardona sostuvieran las más cordiales relaciones.

10.
Washington, Febrero 20 de 1961.
Dr. José Miró Cardona
[Esta carta nunca se mandó. Obra en su archivo].

Acabo de leer una entrevista suya en «El Mundo», publicada el día 18 de los corrientes, y quiero enviarle, cuanto antes, mi más sincera felicitación Dice un viejo refrán... que las piedras dando vueltas llegan a encontrarse... Leyendo sus declaraciones... me parecía estar escuchando el eco de mis manifiestos políticos [en 1958]. [Yo decía entonces]:

«Tenemos que superar la Dictadura de Batista sin caer en la Tiranía de Fidel Castro». («El Crisol», Mayo de 1958).

«Padre Cubano: defiende a tu hijo. Protege sus cuatro libertades». (*Diario de la Marina*, Octubre de 1958).

«Cubano... ayúdame a defender tus derechos». (*Diario de la Marina*, Septiembre de 1958).

Ud dice ahora, doctor Miró: Que las intenciones de Fidel, al provocar la revolución, no eran otras que crear un clima de miseria, propicio al comunismo. ... Yo decía entonces: «Advierto en los propósitos de Castro algo mucho más lejos que una revolución democrática, y estoy seguro de que algo terrible se cierne sobre nosotros». (Manifiesto de la Ortodoxia Libre de 13 de enero de 1958).

Ud. dice ahora: «Descartado por estas razones que la revolución hubiera sido de tipo social y tenido su origen socio-económico, obligado es admitir que estuvo alentada por finalidades políticas...» Yo decía entonces: «Los pleitos políticos se resuelven mediante los votos; el precio de la sangre es muy alto; lo mejor es que integremos una gran coalición y le demos la batalla al gobierno como en 1944». (Comparecencia Ante la Prensa de 2 de Agosto de 1957).

Ud dice ahora: «Realmente Cuba no era ni social ni económicamente terreno propicio para el comunismo, y el trabajo consistía, entonces, en crear ese clima y el *modus operandi* no era otro que el de sumir en la miseria al país y el de someterlo por el terror...» Yo decía entonces: «Esta revolución no puede ser buena, ni puede traernos, si triunfa, más que miseria, comunismo, desafuero, que están presentes en todos sus actos...» (Comparecencia Ante la Prensa de 2 de Febrero de 1958)

Aparte de estas coincidencias... entre lo que yo decía entonces, y Ud me combatía, y lo que Ud dice ahora y yo le aplaudo, en múltiples ocasiones declaré que estábamos caminando hacia el desastre, y que no sabían los cubanos el daño que se hacían... que no había en sus actos [de Castro] romanticismo sino fuerza bruta; que no toleraba que se le discutiera; y que la flecha que usaba no era la de Robin Hood, sino la del salteador de caminos...

Carlos Márquez-Sterling

La frase «la ausencia absoluta de fórmulas políticas» de Márquez-Sterling en las cartas a continuación, (#s 11, 12), se refiere al vacío creado por el abandono del sufragio y soluciones políticas pacíficas. Las consecuencias de esto se pusieron trágicamente de manifiesto al triunfar Castro ya que así pudo apoderarse, sin ninguna oposición «de todos los mandos». Al entrar en La Habana el 8 de enero de 1959 Castro sólo venía a consumar lo que en La Sierra le había impuesto a los jerarcas del abstencionismo que sometidos ya a la jefatura de Castro habían cooperado a destruir toda solución pacífica. Al respecto Márquez-Sterling apunta, si bien de pasada, al role desempeñado por los Estados Unidos en la victoria de Castro. Véase también la # 4 con la introducción de Urrutia en Cuba y las 47, 48, 49, y 50.

11.
Nueva York, Mayo 31 de 1962
Mr. Manuel Francisco de Cinca
Miami Fla.

Lo de Cuba es increíble. Yo luché mucho por evitarlo, pero con muy pocas excepciones, la tuya entre ellas, me encontré casi solo, con un país asustado por la lucha de ambas fuerzas en potencia que cuando se resolvió la cosa cayó en el pánico y la ausencia absoluta de fórmulas políticas. Esto le permitió a Castro apoderarse de todos los mandos, suprimir las garantías, y perseguir a todos aquellos que no se plegaban ciegamente a sus leyes de despojo.

Carlos Marquez-Sterling

12.
Nueva York, Enero 30 de 1967
Dr. Gabriel Suárez Solar
San Juan, Puerto Rico.

Castro no organizó ninguna revolución victoriosa. Se escondió en La Sierra, torpedeó desde el principio las elecciones, coaccionó a unos políticos que no sabían de la misa a la media, los hizo vivir en el abstencionismo, mientras el país desesperaba, y esperó a que la fruta madura, puesta en carburo por los Estados Unidos, cuyos funcionarios del «Cuarto Piso», como lo corrobora el embajador Smith, le ayudaron, mientras le impedían a Batista todas las soluciones diciendo que ayudarlo a salir del lío del 10 de marzo era intervención, y sin embargo la ayuda a Fidel, no lo era, cuando lo fue en grado superlativo...

Carlos Márquez-Sterling

¿Qué fue lo que llevó a los líderes cubanos del abstencionismo a respaldar primero y a subordinarse después a Castro conociendo muy bien su pasado gansteril y sus conexiones con el movimiento comunista internacional? ¿Por qué renunciaron «a la legítima función institucional de sus partidos de disputar a Batista el gobierno de Cuba en el terreno electoral? Y en estas circunstancias, ¿qué fue lo que les hizo preferir la solución de Castro a la de Márquez-Sterling al que atacaron con saña inusitada y al cual, de haberlo apoyado hubiera sacado a la República de su impasse nacional dejando intactas sus instituciones políticas, sociales, económicas y culturales, y los caminos abiertos para que ellos se hubieran reintegrado a la vida política nacional? ¿Fue que sus deseos de «castigar a Batista» primaron por encima de los de resolver la crisis cubana . ¿Sería, como apuntan algunos de los estudiosos de la cuestión, que los políticos «Ortodoxos» aspiraban a que Fidel, una vez en el poder, los llamaría, si bien no para encomendarles las tareas de gobernar, al menos para compartirlas? ¿Y no se sumergieron los Auténticos abstencionistas y revolucionarios, que sufragaron en gran medida la aventura de Castro, en la misma quimera? En las cartas a continuación, los números 13 al 21, Márquez-Sterling se hace las mismas preguntas. Al respecto la carta # 19 resulta especialmente impactante O ¿sería la respuesta a estas interrogantes la que él con una frase lapidaria y tajante remata en la # 21?

13.
Nueva York, Julio 5 de 1962
Dr. Pío Elizalde
Mexico, D.F.

No figuraban en nuestro programa [Partido del Pueblo Libre] la pena de muerte, ni las ejecuciones en masa, ni los fusilamientos, ni las confiscaciones de bienes mediante leyes punitivas, sino el juicio ordinario garantizado por la Constitución de 1940, que en su totalidad regía desde las elecciones de 1954.

Carlos Márquez-Sterling

14.
Noviembre 13 de 1969
Sr. Lic. Pelayo F. Valdés
Tampa, Fla.

En realidad lo de Cuba es un doble error. De los yanquis cuando apoyaron a Fidel, y de la mayoría de los políticos cubanos, que creían que las revoluciones se compran en el Ten-Cent, como una bicicleta cualquiera. El cubano es grande en todo. En todo menos en política. En política le encanta la aventura, y la aventura puede salir bien; pero cuando sale mal, termina desastrosamente. En lo demás siempre buscan lo mejor, lo más acreditado, aunque todo lo que se acredita, tenga envidiosos y contradictores. En Política hacen lo contrario. Cuando hace falta un experto, lo tachan y acuden al desconocido, porque no tiene enemigos, o parece no tenerlos. El resultado ha sido siempre catastrófico.

Carlos Márquez-Sterling

15.
Febrero 10, 1970
Dr. Alberto R. Martell
Jacksonville, Fla. 32207

Yo he decidido no hacer más política, ni tener aspiraciones o ambiciones de futuro, suponiendo que ese futuro estuviera cercano, que no lo veo así. Esa fase de mi vida pasó. Yo creo, –y lo digo sin amargura y sin hiel– que cuando yo le hacía falta a Cuba, era precisamente en el período de lucha entre el Régimen y La Sierra. Entonces,

desdichadamente, fueron muy pocos los que me ayudaron, y muchos los que me combatieron y postergaron. En realidad, entre Castro y Márquez, como soluciones frente al régimen, se decidieron por Castro. Sobre este punto, es que tampoco quisiera abrir debate. Es historia.
Carlos Márquez-Sterling

16.
Nueva York, Octubre 9 de 1969
Sr. Rafael Guas Inclán
Miami, Fla.

Yo era el político de la oposición que tenía soluciones y las anunciaba. Ellos no tenían ninguna. Sólo querían la decapitación de Batista, y con éste la de la política entonces, pensando, los ya creciditos, que le agarraron la pata al animal, que en el Jordán se bañarían, mientras que todos los demás se ahogarían. No me dejaron concurrir al Diálogo Cívico. Me acusaron de estar en combinación con el Gobierno. Cuando Justo Luis del Pozo me envió la invitación, de todas maneras, dijeron que si [yo] concurría, se irían de la reunión. Era para ellos una oportunidad brillantísima, pues no los ponía al descubierto. Yo le dije a Justo Luis: No voy porque no quiero que me echen la culpa de ese gran fracaso. Y no fui...[5]

Yo daría cualquier cosa por tener una copia del folleto que imprimimos en Cuba sobre las elecciones y la revolución, pues en ese folleto más que ver profetizamos lo que iba a pasar... Nuestros contemporáneos, Felo, no nos perdonarán jamás que viéramos en el horizonte lo que venía
Carlos Márquez-Sterling

---

[5] El «Dialogo Cívico» fueron las reuniones sostenidas entre los personeros del gobierno y actores de la oposición para acordar en 1954 la celebración de elecciones libres y democráticas. Los factores más radicales de la ortodoxia con Raúl Chibás a la cabeza torpedearon el intento declarando que no aceptarían una elección convocada «por el régimen usurpador y corrupto de Batista».

17.
[Nueva York] Julio 19 1967
[Gerardo Villiers]
[Sin dirección]

Por último, cuando se celebró el Diálogo Cívico, no solamente fueron a él para que no hubiera arreglo, sino que a mí que llevaba la fórmula de las elecciones parciales, en el 57 y las nacionales seis meses... me vetaron, no los gobiernistas, sino la oposición revolucionaria que jamás quiso otra fórmula que la decapitación absoluta y definitiva del general Batista, en castigo por el golpe del 10 de marzo, enarbolado como bandera para hacer después algo mucho peor, que es haberle entregado la patria al comunismo... [y] al servicio de la tiranía más monstruosa que jamás se haya conocido...

Carlos Márquez-Sterling

18.
Nueva York, Enero 22 de 1962
Sr. Eladio Ramírez
Miami, Florida

No pienso volver más a la política, en la cual sufrí mucho y en la que a pesar de haber anunciado cuanto ha sucedido, de haber combatido al monstruo desde que se subió en La Sierra, de haber asegurado que la solución estaba en las urnas, a las cuales se hubiera podido llegar si los que le hicieron el juego a Castro, «porque pensaban manejar al muchacho», no se hubieran empeñado en resolver el problema cubano, que era sencillamente político, por la tremenda... Amo grandemente a mi patria, pero siento un gran desprecio por la mayoría de «los grandes mentirosos» que sus egoísmos y sus ambiciones, al margen del ordenamiento patrio, que destruyeron a sabiendas nuestras instituciones sociales y económicas con las cuales no se había metido el Dictador anterior. Por eso, cuando el monstruo entró en La Habana apañado por ese ejército que después fusiló implacablemente, no tuvo más que agacharse y recoger el Poder que estaba en el suelo, destruido por los políticos y la resistencia civil, y abandonado a última hora por el que provocó de inicio la gran tragedia...

Carlos Márquez-Sterling

19.
Miami, Febrero 22, 1985
Sr. Manuel Prieres
Miami, Fla.

Yo no era batistiano, y mucho menos fidelista. Pero los políticos abstencionistas, que cooperaron con Castro a su revolución prefirieron apoyar a éste, que combatió los comicios con el plomo y el rifle, que acudir a votar con sus prosélitos en las elecciones. Y todos estamos pagando por ese gran pecado.

Nunca me he explicado esa posición. Yo ofrecí gobernar dos años de 1959 a 1961. Yo les ofrecí las candidaturas, los llamé en todos los tonos. No me hicieron caso. Me combatieron desfigurando la verdad y admitiendo las calumnias comunistas...

Nunca he comprendido por que me combatieron entonces mis adversarios gratuitos de ayer. Pero aun comprendo menos todavía por que quieren seguir viendo en las elecciones de 1958 un delito de lesa patria, cuando estamos en la evidencia absoluta y definitiva de que reconociéndose mi triunfo, como lo obtuve en realidad, no habría habido comunismo en Cuba, aunque yo no hubiera podido mantenerme en el Poder, que estoy seguro que sí hubiera podido sostenerme porque mi caso era completamente diferente al del régimen caído después. A mí no se me podía acusar de Dictador ni de usurpador, ni de nada de eso, y muchísimo menos de ladrón. Mi causa era limpia y el tiempo lo ha demostrado... [Y] lo primero que hizo Fidel Castro, cuando llegó a La Habana, en enero de 1959, fue ordenar que se quemara la documentación electoral para que en ningún caso pudiera hacerse en Cuba, lo que se hizo en Bolivia cuando se reconoció el triunfo de Paz Estensoro, que vivía exiliado en Buenos Aires...

Carlos Márquez-Sterling

Obsérvese en la que sigue, la # 20 como Márquez-Sterling vuelve a apuntar, como en realidad fue, que el pueblo de Cuba esperó a que se cerrara la puerta pacífica electoral para inclinarse a Castro.

20.
Miami, Febrero 22, 1985
Sr. Manuel Prieres.
Miami, Fla.

En Cuba no querían a Castro realmente... [pero] los políticos [abstencionistas] lo tomaron de instrumento sin darse cuenta de que con la Historia no se puede jugar. Lo que quería el pueblo de Cuba era que se fuera Batista... Esta realidad está avalada de que se esperó hasta el 3 de noviembre de 1958, en que se efectuaron las elecciones. Al no funcionar éstas fue entonces que [el pueblo] se inclin[ó] a Castro...

Carlos Márquez-Sterling

21.
Dr. Guillermo Alonso Pujol
Apartado Postal 5102.
Panamá

Fidel ha sido la sublimación del idiotismo nacional.

Carlos Márquez-Sterling

Profesor de Economía Política de la Universidad de la Habana, Carlos Márquez-Sterling conoció muy bien el pasado gansteril de Fidel Castro y de los que allí le rodeaban y lo seguían. Esta fue una de las razones, quizás la más poderosa, que le llevó a oponerse a su movimiento y a buscar una solución que le evitara al país caer en las manos de esa caterva. Las tres cartas a continuación, los números 22, 23, y 24, de una manera franca y sin ambages describen cual era su opinión del Movimiento 26 de Julio. En la número 22, Márquez-Sterling también se refiere a como los intelectuales abstencionistas que rodeaban a Castro aceptaron y propagaron, a ciencia y paciencia las mentiras que de Cuba y sus condiciones de miseria y subdesarrollo inventaron los fidelistas y los comunistas para justificar el desmonte de instituciones, tradiciones, y formas de vida. Una vez aceptada y refrendada la mentira o «leyenda roja» del atraso y las misérrimas condiciones de Cuba por los que precisamente sabían que no era así, ésta se paseó por todo el mundo haciendo hasta el presente a toda oposición al régimen de Castro su gran rehén justificador.

22.
Nueva York, Enero 23, 1962
Dr. Victor Vega
Miami, Florida

El problema cubano se fundamentó sobre una gran mentira. Que existía un despotismo en la Isla. Y que no se podía salir de él sino por medio de una revolución. Para justificar ésta se inventaron causas sociales, económicas y políticas, no siendo reales, y no en la intensidad pintada, mas que las últimas. De esa gran mentira surgió Fidel Castro, apoyado por una amalgama de concausas, donde se agrupaban los apolíticos, bombines, enemigos del sufragio, (sufragistas del abstencionismo) revolucionarios, gangsters, resentidos, frustrados, inconformes de todos lo tiempos, ambiciosos vulgares, y comunistas, que le dieron su tónica al asunto, y se aprovecharon de una histeria que dio al traste con el sentido y la inteligencia.

Carlos Márquez-Sterling

23.
[Sin Fecha]
Dr. Eladio Ramírez de León
Miami, Fla.

Cuando salga el libro de John Martino: «I was Castro's Prisoner» cómpratelo. Este hombre estuvo preso cerca de estos cinco años en Cuba y lo que cuenta es sencillamente espantoso... El libro... está escrito mojando la pluma en la sangre que ha corrido a raudales en Cuba... La cantidad de presos muertos, asesinados en las cárceles, en sus celdas, es increíble... Los que sabiendo quien era Castro, «Tomeguín» y «Caballo Blanco», es decir Ameijeiras y Almeida, y demás grupos de maricones y cocainómanos, no tienen perdón de haber ayudado a tamaños *gansters*. Hay un capítulo que se titula: «La Revolución de la Cocaína», que no tiene desperdicio. El libro... confirma mucho de lo que yo he asegurado en el mío...

Carlos Márquez-Sterling

24.
[Sin fecha, ni lugar]
Dr. Roberto Melero Juvier.
Puerto Rico.

Si tú examinas los periódicos de la época, cuando la lucha contra Batista [los] verás repletos de fotos de jovencitos menores de 18 años, acompañados por niples, escopetas, bombas y toda una gama terrorífica de destrucción que en lugar de ser juzgados como delincuentes juveniles eran admitidos como héroes, y naturalmente, fueron miles los que con esas condiciones abandonaron la ratería, el hurto, la mariguana, la pederastia, en sus dos formas, y abrazaron la delincuencia política en la que se veían aclamados como héroes, cuando debían haber sido juzgados como lo que eran: vulgares criminales, que entendieron muy bien el desplazamiento que una sociedad imbecilizada les permitía creyendo que después habrían de eliminarlos para tomar esos «imbéciles», la dirección del país. ¿Qué fue el 26 de julio sino un presidio en la calle, disfrazado de reformadores cuando en su seno se albergaban junto a los estudiantes que creían hacer revolución los delincuentes que sabían que si aquello triunfaba les quedaba la Isla como presa con todo lo que había dentro? ... En Cuba realizaron la revolución a ciencia y paciencia de una sociedad herida de muerte, los bayús y los solares, pero la peor parte de éstos. Y naturalmente esos son [hoy] los que gobiernan...

Carlos Márquez-Sterling

Las cartas que a continuación se incluyen, de la 24 a la 32 revelan el pensamiento de Márquez-Sterling sobre las elecciones de 1958. En la número 25 menciona un importante artículo publicado en «Bohemia» que causó un fuerte impacto en la opinión pública con las razones de por qué el pueblo debía salir a votar. Al respecto trae a colación el pensamiento de José Martí sobre el sufragio. La número 26 revela la perspectiva que él tenía sobre su esfuerzo de sacar a Cuba del impasse en que había caído, que clasifica como de «esfuerzo glorioso», y la 27 dirigida a uno de sus amigos de la juventud detalla los atentados contra su vida perpetrados por miembros del Movimiento 26 de Julio, atentados que ponían de manifiesto que ya desde 1954 Castro lo había reconocido como a uno de sus más formidables rivales políticos al que había que eliminar.

En el segundo párrafo de esta carta Márquez-Sterling recuerda su discurso al ser postulado para presidente en febrero de 1958 donde además de urgir a la ciudadanía a no permanecer neutral profetizó de una manera escalofriante lo que el triunfo de Castro significaría: la destrucción de las instituciones democráticas y el totalitarismo.

25.
N.York, Enero 24/963
[Sin dirección ni nombre]

Si entre tus papeles está la *Bohemia* con mi artículo «Por que debemos ir a las elecciones» verás cuantas verdades anticipadas contiene. Comenta un pensamiento de Martí que dice: «El alivio más inmediato a los males políticos está en que los ciudadanos que hoy hacen gala de mantenerse lejos de las urnas, voten. Si desdeñan hoy el ejercicio de sus derechos de dueños, tendrán mañana que postergarse ante un tirano...» [*Diario de la Marina*, 20 de julio de 1958.]

Carlos Márquez-Sterling

26.
Nueva York, Agosto 31, 1969
Sr. Nelson Carrasco.
Hialeah, Fla.

Muchas personas, no solamente escritores extranjeros, que han estudiado nuestro dramático proceso están de acuerdo en que la solución estaba en los comicios de 1958 y en el traspaso del mando al partido que nosotros habíamos encabezado, y que es uno de los esfuerzos más gloriosos que jamás se hayan llevado a efecto en nuestra patria.

Carlos Márquez-Sterling

Momento en que la Asamblea Nacional del Partido del Pueblo Libre reunida el día 2 de febrero de 1958 en la Artística Gallega, postulaba para presidente a Carlos Márquez-Sterling. Poco antes de entrar en el salón, Márquez-Sterling fue objeto de un atentado contra su vida perpetrado por las pandillas castro-comunistas. A la derecha y en la parte inferior, sentada, aparece su esposa Uva Hernández-Catá. A la izquierda Néstor Carbonell y Andricaín, vicepresidente del Partido y otras figuras políticas. Véase carta # 27.

27.
Nueva York, Enero 31 de 1962
Dr. Eladio Ramírez de León
Miami, Fla.

Por tu carta veo, querido Eladio, que no estas enterado... de la campaña que libré desde 1953, a raíz del asalto al cuartel Moncada, hasta 1959, combatiendo en la forma que pude a Fidel Castro y a sus pandillas de delincuentes juveniles. Esta lucha me acarreó, en consecuencia, los siguientes hechos que tú no debes ignorar: 1) el atentado llevado a efecto en mi Bufete de Amargura, el 9 de julio de 1954, en que dirigió a las pandillas castristas, el joven Luis Mariano López, hoy subdirector del temible G2. 2) El atentado, llevado a cabo probablemente por la misma pandilla, el 23 de abril de 1956, en que avisado falsamente por teléfono de estárseme esperando en el Juzgado de Instrucción de la Sección 3a. sito en Lealtad y Zanja, fui atacado a tiros, al bajarme de un auto de alquiler, por la calle Lealtad...[que] si no es por el chofer me dejan ahí mismo. 4) El atentado realizado un mes después, al salir de la CMQ-TV, después de un programa «Ante la Prensa», en que denuncié el movimiento 26 de julio.- 5) El atentado de que fuimos objeto Uva [su esposa] y yo, el dos de Febrero de 1958, al llegar al local de la Artística Gallega, para tomar parte en la asamblea del [Partido] del Pueblo Libre que debía postularme candidato a la presidencia... Todo estaba planeado para asesinarme en una riña tumultuaria. Yo fui tan imbécil, que cuando el capitán Duarte le echó el guante a los autores, aseguré que no eran esos. Y exigí que los pusieran en libertad. Uno de ellos es hoy el Director de la Escuela de Periodismo que por esas ironías de la vida, lleva el nombre de Manuel Márquez-Sterling...

Debo aclararte... que aquel dos de febrero de 1958, pronuncié... uno de los discursos más emotivos de mi vida. Denuncié a Fidel y sus pandillas... Sostenía allí... que las instituciones democráticas de Cuba estaban en peligro. Pronostiqué la muerte de la Democracia, pues entendía, como acabamos de verlo, que se trataba de un movimiento totalitarista, falsificador de los hechos reales y desnaturalizador de nuestros procesos electorales, negándose a dejar hablar las urnas, donde únicamente esta[ba] la salvación de Cuba, y aseguré que si los hombres que debían salir de la neutralidad no se apuraban acabarían por ver arruinadas sus propiedades e industrias. En lo sucesivo, dije [que] «Si triunfa Castro tendremos una tiranía y una oposición errante y perseguida en toda América»

                                        Carlos Márquez-Sterling

> *En la número 28, Márquez-Sterling destaca como los políticos del régimen, los llamados «tanquistas», de facto convergían con los revolucionarios para invalidar o hacer una comedia del proceso electoral. Los primeros para robarse las elecciones y los segundos para que no hubiera elecciones o que los primeros se las robaran, dejando así en pie la ecuación Batista-Castro que justificaba la existencia de la Sierra y su revolución.*

28.
Nueva York. Febrero 24 de 1965
Dr. Emilio Giro
Apple Creek, Ohio

En Cuba no quisieron atender las razones que expusimos los que no estábamos con Castro, pero tampoco con Batista... Si nosotros, con un puñado de hombres de buena voluntad y de clara mirada... ganamos las elecciones, ¿qué no hubiera sido toda la ciudadanía en pos de la urna? Pero de un lado la estulticia de los políticos gubernamentales y de otro los de la oposición revolucionaria, que invalidaron ambos las soluciones, justificaron —si ello podía serlo imbécilmente— la comedia electoral, simplemente para caerse dos meses después. Caímos en el abismo. Y de él va a resultar muy difícil salir...

                                        Carlos Márquez-Sterling

> *Fue siempre la tesis de Márquez-Sterling que la declaración de Castro, Chibás y Pazos en la Sierra el 12 de julio de 1957, la de que no aceptarían las elecciones «aun si estas fueran honradas» era la revelación más explícita de que su plan no era realmente la solución democrática de Cuba, sino la victoria de su movimiento totalitarista. La celebración de elecciones honradas con el triunfo de Márquez-Sterling o de Grau San Martín dejaba a Castro sin razón de existir en La Sierra. Véase la carta a continuación número 29.*

29.
Nueva York, Enero 20 de 1963
Mario Cobas Reyes
Miami, Fla.

Mi libro... Abarca toda la historia de Cuba. La última parte... está dedicada a la historia de la Sierra desde que empezó en el Moncada. Se insertan documentos esclarecedores... y se hace una narración de los esfuerzos para celebrar elecciones que Castro torpedeó siempre, pues él combatió más que el régimen de Batista el régimen electoral para brincar por encima de las instituciones... Hay tres documentos, que hoy tienen una luz meridiana. El manifiesto de Castro, desde La Sierra, de 14 de diciembre de 1957, destituyendo a [Felipe] Pazos y explicando su conducta, donde anuncia las milicias; el manifiesto de [Raúl] Chibás, [Felipe] Pazos y [Fidel] Castro el 12 de julio de 1957, donde combaten las elecciones, y tiene esta frase: «No acudiremos a las elecciones aunque estas sean honradas, porque bajo Batista no puede haber elecciones». Y una carta de Castro a Machado, el de Venezuela, desde La Sierra, en febrero de 1957, a raíz de la entrevista de Mathews, donde expone su plan. Además, aparece la notificación hecha al State Department de Washington, donde [José] Miró [Cardona] hace constar a nombre de todos los sectores reunidos en Caracas que no aceptan otra solución que la de Castro. Esta misma respuesta la dio Miró a Smith, como este lo publica, cuando la mediación de la Iglesia que ahora se ha sabido tenía el respaldo del Vaticano.

Carlos Márquez-Sterling

La desesperación de Castro por evitar a toda costa la celebración de elecciones honradas y las barbáricas medidas que tomó al respecto, que fue desatar un verdadero reino de terror contra los candidatos de la oposición a Batista se detallan en la carta número 30.

30.
Washington, Enero 10 de 1960
Sr. Horacio Aguirre
Director Diario Las Américas.
Miami, Fla[]

Cuando Castro –y sus pandillas comunizantes– adquiri[eron] el convencimiento de que las elecciones señaladas para el tres de noviembre [1958] tendrían verificación, dictó la «Ley Dos» de la Sierra condenando a inhabilitación [política] durante treinta y dos años a todos los candidatos que concurrieran a las elecciones. Dicha ley... ordenaba... que en campos y ciudades, donde pudieran actuar sus guerrillas le hicieran fuego a los candidatos que no se trasladaran al extranjero y renunciaran públicamente sus postulaciones. Esta medida tenía como finalidad que los candidatos de Batista no perdieran de ninguna manera, pues era el modo de conservar el equilibrio del dilema Batista-Castro, que de otra manera se habría roto... como así sucedió cuando se verificó el despojo electoral, aprovechando el estado de revolucionarismo enderezado contra todo y todos.

A partir de esa ley [«Ley Dos de la Sierra»], se asesinaron a varios candidatos de la oposición... [se] multiplicó la propaganda clandestina con toda clase de calumnias y de infamias [a los electoralistas]... [se] quemaron las Juntas Municipales Electorales destruyendo la documentación allí depositada para efectuar los comicios...[y] una comisión política reunida en Miami, declaró que no aceptaba ningún resultado comicial, ni aun el triunfo de los doctores Márquez-Sterling o Grau San Martín, ya que éstos acudían a un proceso electoral viciado de antemano por la violencia y el fraude.

Una violencia y un fraude que los revolucionarios comunizantes, contribuían a agudizar y a imposibilitar con el deliberado propósito de que no cupiera la posibilidad de que ganara algún partido de la oposición civilista, no la abstencionista que había hecho dejación de ese derecho, sino la electoralista que clamó desesperadamente porque los cubanos no se dejaran despojar de un derecho que si se perdía de ex profeso durante la lucha sería luego muy difícil de recuperar. Sin embargo, es un hecho cierto, que en los lugares menos afectados por la lucha revolucionaria contra los electoralistas, donde acudió a votar el cincuenta por ciento del electorado, ganó las elecciones el Partido del Pueblo Libre, al que luego en los escrutinios se les escamoteó el triunfo, provocando el desiderátum final... [Esto] lo prueba el hecho de que uno de los primeros actos del gobierno de Castro fue quemar la documentación electoral... disposición [que] tenía como finalidad el que no pudiera comprobarse jamás, que a pesar de las trampas y chanchullos del régimen caído, el que había ganado era el doctor Márquez-Sterling, el cual fue a las elecciones no a hacerle el juego al gobierno sino a tratar de evitar que desapareciera en nuestro derecho toda expresión de democracia y de libertad política...[lo] que hubiera podido significar un obstáculo a la ocupación del gobierno por el M-26-7. [Movimiento 26 de julio]

Naturalmente, el Poder lo ocuparon los que estaban con las armas en la mano, y no los que vivían en Miami cómodamente.

Carlos Márquez-Sterling

El objetivo principal de Castro era destruir a la oposición electoralista para que los políticos del régimen se alzaran con las elecciones y que después del despojo electoral siguiera en pié la ecuación Batista y la continuación de su régimen y Castro y su revolución, como única alternativa. Que Castro entendía muy bien que el reconocimiento del triunfo de Márquez-Sterling en las elecciones constituiría un obstáculo casi imposible de vencer se atestigua muy bien por dos testigos que se lo oyeron decir como se puede leer en las cartas números 31 y 32.

31.
Nueva York, Diciembre 15 de 1965
Sr. Alfredo E. Herrera
Miami Beach, Fla.

El segundo aspecto de su carta, habiendo sido yo actor de primera fila en el reciente drama de Cuba, prefiero no discutirlo. No fui bien tratado por la revolución, cuando ésta se gestaba, y la calumnia y los atentados personales (tres se me hicieron) se cebaron en mi persona que era el obstáculo a los planes de Castro. De haber triunfado mi candidatura tal vez los comunistas no estarían hoy en posesión de la Isla. Al menos tengo la satisfacción de que el propio Castro, en un momento raro en él, se lo declaró así al embajador Julio Amoedo de la Argentina, cuando volaban juntos en dirección a Buenos Aires para tomar parte en la reunión de carácter económico que se celebro en

1960, en la patria de Sarmiento. «Nosotros nunca» –dijo Castro- «nos fijamos en los demás adversarios nuestros. Era a Márquez a quien le temíamos. Si él hubiera ganado yo no estaría volando aquí con Ud». Y ha sido una gran verdad que el «retraimiento» de la ciudadanía, en apoyo a Castro, no yendo a votar –unos por temor a ser ametrallados, otros por creerse las calumnias que lanzaba la Sierra– produjo entre otras concausas el triunfo de esa víbora que nació en suelo de Oriente. Hay más, uno de los ayudantes de Castro, hoy en Puerto Rico, con un negocio próspero después de haber pasado miserias al salir al exilio, me contó que el día de las elecciones al saberse mi derrota se bebió champagne en la Sierra.

Carlos Márquez-Sterling

32.
Nueva York, agosto 31 de 1969
Sr. Humberto Quiñones
Miami, Fla.

He recibido una nutrida correspondencia sobre esos tres artículos sobre el libro de [Paul] Bethel [«The Losers»]. Entre ellas, me ha venido, una muy larga y documentada, del coronel Nelson Carrasco, que dice que él estaba preso en La Sierra, cuando se celebraron las elecciones [1958], y que Almeida llegó al refugio de Castro, donde a la sazón se hallaba él [Carrasco] en espera de que su situación se resolviera, y escuchó cuando Almeida le decía a Castro: Le dieron la brava a Márquez. Y volviéndose a Carrasco agregó: los suyos se quedan, en el poder, de manera que ya nuestra revolución está triunfante...[6]

Carlos Márquez-Sterling

Las cartas 33 y 34 tratan de un detalle poco conocido sobre los planes que Márquez-Sterling estaba considerando una vez electo en relación a la «tregua militar» y la desmoralización del ejercito.

---

[6] Unos días después del triunfo de la revolución Márquez-Sterling fue conducido bajo arresto a la fortaleza de la Cabaña donde fungía de comandante el tenebroso aventurero Ernesto «Che» Guevara. Este en una breve conversación con Márquez-Sterling le dijo: «Y pensar que Ud con su política por poco descarrila a toda una revolución».

> *Márquez-Sterling contemplaba la remoción de los mandos ascendiendo a la oficialidad joven de acuerdo con su hoja de servicio en la lucha contra Castro si éste se negara a bajar de la Sierra. Consultado al respecto Márquez-Sterling se lo comunicó a Justo Luis del Pozo, y de aquí parece ser que pasó a los altos mandos donde estaban muchos de los «tanquistas». Hasta su muerte Márquez-Sterling siempre pensó que había hecho mal en revelar estos planes, ya que transmitidos a los que podían perjudicarles muy bien haya convencido a los ciegos intransigentes políticos y militares a evitar su victoria.*

33.
[Nueva York], Agosto 24, 1968
Sr. Agustín Meizoso.
Pto Rico.

Me dice Ud. muy acertadamente que no se figura o imagina como íbamos a resolver la tregua militar [si se nos hubiera reconocido el triunfo electoral en 1958].

Yo tenía estudiado ese punto, que efectivamente era el más difícil, y habíamos llegado a un programa que lo facilitaba. Incluir en la reserva a los que se separaran del Ejercito, sin mandos ni servicios activos, y entregarle los mandos a la oficialidad joven, haciéndole ver que los altos grados estaban en La Sierra, si al triunfo electoral, Fidel y sus «vándalos» no hubieran accedido a bajar de ella, como yo estaba convencido que haría, pues su revolución no estaba concebida en bien de Cuba, sino en beneficio personal de sus ambiciones sin límites en pos de la tiranía. Pero la falta de visión de muchos políticos y la de los que gobernaban, que estaban ciegos, en muchos aspectos, frustró lo que hubiera podido salvar a Cuba del Comunismo...

Carlos Márquez-Sterling

34.
Nueva York, agosto 18 de 1969
Sr. Rafael Guas Inclán
Miami, Fla.

Quiero decirte que me he pasado cuatro días... leyendo el libro de Paul D. Bethel, «The Losers...» A mí me trata muy bien, y dice que en poder de la Embajada [Americana] obraba un survey, hecho poco antes de los comicios, que aseguraba mi triunfo por un amplio margen.

También combate la idea de que fuera 1958 un año tardío para celebrar elecciones y pone en labios de gente muy cerca de Castro, la referencia de que éste estaba asustadísimo de mi posible triunfo, porque, asegura Bethel, hubiera quedado aislado en La Sierra. También se hace cargo de mi deseo de remover todos los mandos del ejercito si ganaba, como hube de decírselo a Justo Luis del Pozo, cuando se me consultó ese extremo. Creo que hice mal. A veces ser sincero no renta... [Ya] es hora de que a nosotros se nos vaya haciendo justicia.

Carlos Márquez-Sterling

> *Las cartas 35 y 36 ponen de manifiesto la opinión que Márquez-Sterling tenía de las clases pudientes y su actitud con respecto a la política cubana. En la 35 relata una experiencia que tuvo durante la campaña electoral de 1958. A la actitud de montarse en «la cerca» y de jugar con dos barajas él atribuía mucho de los problemas políticos de la República. La número 37 expone la actitud de muchos cubanos que conociendo el peligro que se cernía sobre Cuba no hicieron nada para evitarlo.*

35.
Nueva York, septiembre 11, 1971
Sr. Giraldo A. Bordabeheres
Chicago, Ill.

Mi opinión sobre las clases pudientes... en Cuba... es que nunca tu[vieron] sentido de clase. Ayudaban a todos los partidos, aunque no simpatizaran con algunos de ellos, renunciaron a intervenir en la política, cuidando desde «la cerca» la inmensa mayoría, sus economías... La inmensa mayoría de los que han ajustado sus economías aquí en el Norte no regresarán a Cuba....

Carlos Márquez-Sterling

36.
Nueva York, Marzo 25, 1974
Dr. Manuel Zaldivar
Miami, Fla.

Hubo un momento, en Cuba, en que los «vivarachos» de siempre pensaron que las elecciones, buenas o malas (ya tú sabes lo que quiere decir esto último) me pondrían en palacio... ¡Ah!, la casa... se me llenó de gente que me conocían de toda la vida, cuando muchos de ellos me veían, por primera vez, para ponerse a mi disposición. Por cierto, uno de ellos, muy rico, hijo de un amigo mío de la juventud me pidió lo recibiera... en privado... saco un sobrecito y me lo puso en la mano. Contenía cinco mil pesos que yo acepté... pero días antes (y conocía el hecho por mis clientes del Najasa) le había dado a Fidel Castro cincuenta mil dólares... Al meterme el sobre en el bolsillo le dije: 'Viejo, te equivocaste de sobre'. ¿Cómo [que] me equivoqué de sobre? Y miró para el techo... Sí, te equivocaste porque el sobre que le mandaste a Fidel hace unos días, es el que debías haberme dado a mí, que te voy a defender tu situación, el día de mañana... Muy ciscado me replicó: 'Te han engañado.' Y yo le dupliqué sacando de nuevo el sobre del bolsillo: ¿No será a ti al que han engañado de sobres? Paquito Arce (q.enp.d.) contaba aquí en Nueva York... que Fidel llegó a Columbia con una caja que contenía nueve millones de pesos, colectados en La Sierra antes de triunfar. Con gente así... Cuba tenía que perderse. No tenían sentido de clase... [y] ha[n] fenecido por querer estar en todas partes...

Carlos Márquez-Sterling

37.
Noviembre 3 de 1963
Dr. Rafael Guas Inclán
Miami, Fla.

El muchacho... bajó de las lomas [La Sierra] donde no hacía nada y fue hasta mi casa donde no lo querían dejar entrar... cuando lo vi a través del cristal de [la] reja de entrada [me dijo]: 'Doctor, por su madre, vengo a decirle que estamos rezando para que Ud. gane. Ud no sabe lo que es aquello.' Le pregunté si él iba a votar. Y me miró con una sorpresa que me dejó frío. ¿Votar, yo? ¡No hombre no! Entonces estúpido, ¿cómo crees tú que gane yo? Se fue...

Carlos Márquez-Sterling

Las cartas a continuación hasta la número 46 nos hablan esencialmente del fraude electoral, o «cambiazo» del 3 de noviembre de 1958. Especialmente interesantes son los números 39 y 40. En la primera Márquez-Sterling comenta el libro de descargos de Batista intitulado «Paradojas». publicado en el exilio. En éste, Batista reconoce que sí hubo fraude ¡pero no para presidente! Así que en las elecciones más dramáticas e importantes de toda nuestra historia republicana se cambiaron los resultados para posiciones menores, pero no para lo que iba a decidir el destino de Cuba. ¡Estupendo! exclama Márquez-Sterling recomendando a seguidas que en este aspecto el general, por carecer de razón «debía guardar discreto silencio».

38.
Sr.Horacio Aguirre
Director Diario Las Américas.
Miami, Fla.

Yo dije anteriormente... y agregué que si se hubieran contado los votos el triunfador hubiera sido yo... Me refería, en el primer extremo, a que los electores, amenazados por las guerrillas comunizantes en pueblos y ciudades, no concurrieron a las urnas en la proporción en que debieron hacerlo, y afirmaba, en el segundo extremo, que de los votos depositados legítimamente en dichas urnas yo obtuve la mayoría...

Carlos Márquez-Sterling

39.
Julio 11 de 1963
Arturo Alfonso Roselló
Miami, Fla.

Acabo de leer el libro «Paradojas» de Batista... en lo que a mí respecta dice que no fui despojado de la elección [1958]... Y al final del capítulo dice: «cierto que hubo fraudes y cambiazos en las urnas, pero estas no afectaron a los candidatos presidenciales». Estupendo. Cambiar las urnas para los concejales y representantes y no para el presidente. Verdaderamente que sobre esto, en lo que el general carece de toda la razón, debía guardar discreto silencio...

Carlos Márquez-Sterling

Para Márquez-Sterling el error más grande de Batista en toda su carrera política fue el fraude electoral de 1958. Reconocer, como había sido, la victoria electoral de Márquez-Sterling quitaba a

Castro su razón de ser y le hubiera permitido retirarse del poder, sin bien sin gloria, al menos grácilmente. El fraude perpetrado en contra del ganador no sólo perpetuaba la ecuación Régimen-Castro, sino lo que era más grave aún, cerraba toda posibilidad de formulas políticas pacíficas dejándole al pueblo de Cuba una sola alternativa: la que siempre había buscado Castro.
También hay que fijarse aquí, una vez más, como siempre pronosticó, y los hechos trágicamente le dieron la razón, que Castro no triunfó hasta que las elecciones naufragaron, y que los americanos no le dijeron a Batista que se fuera después y no antes de haber perpetuado el fraude. En la perspectiva que el tiempo le ofrece al observador de la historia, la República de Cuba murió el 3 de noviembre de 1958. Cuando Castro entró en La Habana, un par de meses más tarde, simplemente vino a enterrar sus cenizas. Esto, en la opinión de Márquez-Sterling, era un axioma que no se ha querido reconocer, ni por los revolucionarios abstencionistas, ni por el State Department cuyo «Cuarto Pisó» procesó y orquestó el triunfo de Castro lo que más tarde, para no reconocer su catastrófico error y su responsabilidad, lo llevó en el exilio a respaldar a los que mantenían la tesis de la «revolución traicionada».

40.
Nueva York, Mayo 5 de 1964.
Arturo Alfonso Roselló
[Sin dirección postal]

Un Marquez-Sterling triunfante... quitaba a Castro su razón de ser. Pero un Marquez-Sterling vencido para seguir en el jueguito era darle la razón a Castro. Hay que darse cuenta de que Castro no triunfó hasta que la elección naufragó. Que los americanos no le dijeron a Batista que se fuera hasta que no pasó la elección. Pero esto que es un axioma no quieren reconocerlo... Pero éste [Batista] estaba más ciego de lo que la gente ha pensado...

Carlos Márquez-Sterling

La carta número 41 explica una de las versiones de como se llevó a cabo el «cambiazo» electoral, episodio sobre el cual existen varias versiones. La campaña terrorista de Castro contra las elecciones se hizo brutalmente aguda a partir de septiembre cuando la candidatura de Márquez-Sterling, como bien apunta Julio Alvarado en su bien documentado tomo «La Aventura Cubana», empezó a ganar vasto apoyo entre el pueblo que con sinceridad ansiaba salir de Batista, pero no caer o no abrazar todavía la solución propuesta por Castro. Así, bajo un aluvión de amenazas a los que fueran a votar, de los brutales asesinatos de varios candidatos y del suicidio político de las organizaciones de profesionales y cívicas que decretaron la abstención de sus miembros, gran parte de la ciudadanía no concurrió a votar.

41.
Agosto, 16 de 1964
Dr. Guillermo Sevilla Sacasa
Embajador de la República de Nicaragua
Washington DC

De como el régimen de Batista llevó a cabo el inconmensurable error de falsificar los resultados de la elección, pobre en el número de votantes [solamente un 45% o un 50% del cuerpo electoral acudió a votar] es una cosa que presenta muchas versiones. Alrededor de las cuatro y las seis en aquella tarde algo extraño sucedió. Es un hecho que en los precintos donde los escrutinios se hicieron y condujeron legalmente ellos arrojaban resultados favorables para la candidatura de Márquez-Sterling. Entonces vino orden del Estado Mayor Conjunto para que se detuviese totalmente este proceso. La victoria de Márquez-Sterling era tan manifiesta en los primeros reportes que la esposa del candidato vicepresidencial del régimen llamó a la esposa del Dr. Márquez-Sterling para expresarle sus más calurosas felicitaciones para ella y su esposo. Los escrutinios se suspendieron después de la orden de Columbia y el «cambiazo» empezó a ser llevado a cabo.

A Márquez-Sterling, por lo tanto, se le robó su triunfo en las elecciones. Si el conteo de los votos hubiera sido hecho honestamente él hubiera con toda certeza triunfado por una gran mayoría. Los decididos y arriesgados votantes que fueron a votar, votaron sólidamente por él y su programa con un ferviente deseo de ponerle fin al régimen de Batista, y por supuesto para evitar la llegada de Castro...

Carlos Márquez-Sterling

No se sabe a ciencia cierta el porcentaje de los que votaron en esa elección. Los cálculos van del 30 al 50 por ciento. Los primeros partes anunciaron, como bien se supo en aquel entonces y cita Julio Alvarado en «La Aventura Cubana», que Márquez-Sterling había ganado las provincias de Pinar del Río, La Habana, Matanzas y Camagüey, mientras que Rivero Agüero se había adjudicado las de Las Villas y Oriente, lo que resulta altamente sospechoso ya que era precisamente en esas provincias, especialmente la de Oriente, donde el número de votantes fue casi inexistente por encontrarse muchas de su zonas casi en poder de Castro. Después del «cambiazo» el gobierno declaró que su candidato había obtenido la mayoría. En la siguiente carta, la 42, Márquez-Sterling con una punzante y agridulce ironía resume lo acaecido.

42.
Nueva York, Septiembre 27 de 1964
Mr. Ángel Cano
Jackson Heights, NY.

La realidad de Cuba en las elecciones [1958] que Ud. menciona fueron así. Todos los colegios se «perdieron» [para el Gobierno] cuando se contaron los votos y se «ganaron» [por el gobierno] cuando se recontaron. He ahí la tragedia. Y ¿Para qué? ¿Para entregar dos meses después?

Carlos Márquez-Sterling

En las cartas 43 y 44 Márquez-Sterling llama la atención a lo ocurrido en Venezuela en 1962, cuando los enemigos de la democracia allí no pudieron llevar a cabo planes comunistas similares a los de Castro. Es conveniente apuntar aquí que los casos de Nicaragua y El Salvador, resueltos en las urnas y en medio de dificultades mayores de las que existían en Cuba en 1958, acuden para reforzar aún más la tesis de Márquez-Sterling.

43.
Nueva York 6 de Diciembre, 1963
Sr.Juan J. Bermudo
Mexico 5, D.C.

Hicieron muy bien Ud. y su esposa en ir a votar en los comicios de 58 en Cuba. En las urnas estaba la salvación de la Isla porque habríamos escapado, de haberlo secundado la mayoría de los cubanos, del dominio comunista. Habrá Ud. visto que los venezolanos, abiertos los ojos al drama de Cuba, concurrieron a los colegios. No se asustaron de la amenaza terrorista, no se asustaron de que ametrallarían las filas, no se asustaron de las calumnias, infamias y falsedades, echadas a volar por los soviéticos, no tuvieron políticos ciegos y ambiciosos que secundaron el abstencionismo, en fin, no se asustaron de nada y le hicieron frente a todo. No aceptaron mansamente, ...despojarse de sus derechos de elegir sus gobernantes, y con todo ello han salvado a su país del desastre que hoy ha hundido a Cuba en la ruina...

Carlos Márquez-Sterling

44.
Nueva York, Diciembre 6 de 1963
Sr. D. Lionel Gómez
Caracas, Venezuela

Dichoso el pueblo venezolano que acaba de dar una prueba de civismo formidable. Dichoso, también por haber tenido guías y orientadores, políticos y hombres públicos, que no se dejaron alucinar por los cantos de sirena del comunismo... Dichoso, en fin, por haber tenido un gobernante que celebró comicios honestos y dio pruebas de tener talento, muñeca y cautela prudente y sabia para lidiar con los castro-comunistas, especie de combinación de la delincuencia juvenil con la ambición desaforada de querer llegar a toda costa.

Carlos Márquez-Sterling

En la carta número 45 se ofrece un detalle poco conocido: la crítica que hizo Kennedy cuando era senador, de la política que siguió el State Department al no respaldar la celebración de elecciones honradas en 1958, como él lo había recomendado. Así mismo Márquez-Sterling señala «que Castro medró a consecuencia de ese gran error» error que las partes involucradas, los batistianos, los revolucionarios, y el State Department, no querían reconocer.

45.
Miami, febrero 22, 1985
Sr. Manuel Prieres
Miami, Fla

Si los escrutinios y recuentos de votos se hubieran hecho debidamente –como en el Municipio de Regla, pongo por caso, y muchísimos otros– mi triunfo hubiera sido indudable. Pero la elección se falseó y Castro medró a consecuencia de ese gran error, del que no quieren hablar ninguna de las partes, en discordia; y no aun el State Department, que por medio de sus funcionarios entonces se negaron a apoyar las elecciones, en la forma en que lo reconoció el presidente Kennedy, cuando era senador

                                                Carlos Márquez-Sterling

> *La número 46 es una reiteración del enorme error de Batista condenando a Cuba a las garras de Castro y de que su role, el de Márquez-Sterling, era el de pacificador sin ningunas otras intenciones o agendas secretas.*

46.
New York, Marzo 19 de 1965
Mr. Arturo Alfonso Roselló
[Sin dirección]

    Puede[s] estar seguro de que me has juzgado bien. Yo hubiera sido el pacificador y me hubiera ido enseguida de unas nuevas elecciones. Esa era mi intención. Ya tenía, entonces 58 años, y quería gozar de la vida que nunca me la di buena, pues entre mis problemas privados y mis luchas inacabables, públicas, donde tenía que hacerme mi propio partido no gocé de lo que me brindó siempre la vida. Además ya estaba casado con Uva [Hernández Catá] y habíamos planeado un viaje muy largo para encanto de ambos. Batista lo frustró todo. Ese es su delito...

                                                Carlos Márquez-Sterling

> *No hay dudas de que la intervención del «Cuarto Piso» del Departamento de Estado Americano en nuestra crisis fue favorable a Castro. En la carta a continuación, la número 47 Márquez-Sterling no deja dudas de su criterio.*

47.
[Nueva York], Noviembre, 11, 1971
Dr. J. de Castroverde.
Miami, Fla.

    Con respecto al 10 de Marzo... Este no trajo el comunismo, y en cambio la ayuda a Fidel, por el Cuarto Piso, y la Intervención a su favor, son los que han provocado la tremenda situación que hoy tenemos, que de un problema doméstico entre los cubanos hemos caído en un drama internacional. En efecto, lo que trajo el comunismo no fue el 10 de Marzo, sino las ayudas de la Cancillería Americana a Castro, haciéndose creer, ellos mismos, que se trataba de un nuevo Robin Hood. De todos modos, en el fondo, tú y yo estamos de acuerdo, cuando tú dices que los causantes del comunismo en Cuba han sido los errores de la Cancillería Norteamericana, y poco importa si el error comenzó con el 10 de Marzo o si comenzó cuando sacaron a Batista del Poder y pusieron a Castro. El daño ha sido ENORME...

                                  Carlos Márquez-Sterling

> *En la crisis cubana siempre existieron tres partes o posiciones. La del régimen, la abstencionista revolucionaria, absorbida sin protesta por el movimiento de Castro en diciembre de 1957, y la electoralista en sus dos ramas, la de Grau San Martín y la de Márquez-Sterling, ésta con mayor respaldo popular que la otra y a la que Castro más temía (Véase más arriba carta # 31). Sin embargo, el «triunfalismo» propagandista de Castro y sus partidarios siempre han pintado o descrito el problema cubano de los años 50 como de una lucha de dos fuerzas: ellos y el régimen. Lo mismo mantuvieron aquellos que ya más tarde en el exilio, habían contribuido a su victoria. Estos factores, al salir al exilio, muchos de ellos arrojados y despedidos por Castro, lejos de reconocer que se habían equivocado, elaboraron la tesis de «la revolución traicionada», para eximirse de su error. Más tarde, la Casa Blanca al decidirse a respaldar a los de «la revolución traicionada» también aceptó la mentira de las dos posiciones. Como a todas estas partes les convenía negar la existencia de la tercera fuerza quedó así la verdad sepultada hasta el presente. Este consorcio de mentiras es lo que Márquez-Sterling llamó «el caso Dreyfuss cubano». Al respecto léase la carta # 48.*

48.
Miami, Febrero 22, 1985
Sr. Manuel Prieres
Miami, Fla.

La prensa de los Estados Unidos, sin excepciones, convirti[ó] esta batalla en un... proceso Dreyfuss debido a las mentiras, todas inclinadas a justificar los enormes errores cometidos por los Gobiernos de la Casa Blanca, desde Kennedy a la fecha haciendo causa común con los cubanos que se equivocaron fundamentalmente, pero que ni los americanos ni los cubanos que erraron quieren confesar sus equivocaciones, y silencian siempre uno de los aspectos de la lucha, que no estaba librándose entre dos partes solamente, sino entre tres: Batista, los fidelistas, y los que proclamábamos que Cuba, dentro de sus limitaciones políticas, no tenía otra salida que el SUFRAGIO, respaldado por la Casa Blanca, como se había hecho a lo largo de su Historia Republicana, ya que esa República estaba muy lejos de estar consolidada.

Carlos Márquez-Sterling

No hay dudas algunas que uno de los factores decisivos en la victoria de Castro y la subsecuente destrucción y entrega de Cuba al comunismo fue la intervención del periodista americano Herbert Mathews en la crisis de los años 50. En marzo de 1958, después de haber publicado en el New York Times las famosas entrevistas que le dieron a Castro crédito y popularidad en los Estados Unidos y el mundo entero, Mathews, fungiendo indiscutiblemente como delegado de la Sierra, se le presentó en su casa a Márquez-Sterling. Dejemos que sea el mismo Márquez-Sterling quien nos cuente el incidente en la carta número 49. Es importante aquí fijarse en la frase que Márquez-Sterling usa en su respuesta a Castro, la del triunfo de la Sierra, «sin bases ningunas de legalidad». Esta frase revela el elemento básico de la solución propuesta por Márquez-Sterling, la de una transición constitucional que sólo podía así restablecer en Cuba la legalidad del gobierno otorgada ésta por el único que lo podía hacer: el pueblo por medio de su voto en las urnas. Esta solución, de prosperar, reforzaba y dejaba en pie las instituciones políticas de la nación, y hacían definitivamente imposible el apoderamiento total del país por Castro. A todo lo largo de este proceso esta cuestión siempre fue el objetivo central de Márquez-Sterling. El rechazo de Castro al resultado de las urnas, aun si éste fuera honrado, era la prueba más fehaciente de que él y los revolucionarios, lo que querían era, precisamente, al caer el régimen de Batista después del fraude electoral arrastrando con él todas las instituciones de la República, asaltar el poder sin trabas ni contenes de ningún tipo para de esta forma establecer en Cuba el comunismo. Los políticos cubanos, los del régimen, que irresponsablemente se robaron las elecciones pensando que se podían salir con la suya y escaparse de la Historia, y los abstencionistas revolucionarios que no eran comunistas, pero que por su fanática obsesión de «castigar a Batista» y que hicieron todo lo posible por torpedear el proceso electoral le sirvieron en bandeja de plata a Cuba a Castro y al comunismo.

49.
Miami, Marzo 8, 1979.
[Esta carta parece ser parte de un memorándum. No tiene nombre.]

A fines de marzo de 1958...recibí... al periodista Herbert Mathews. Éste [me] invitó a secundar a Fidel por considerarlo un hombre sincero y genial... Extrañado de aquella actitud... le contesté que la revolución castrista no era demócrata, y que el documento de los 22 puntos en que Castro anunciaba la huelga de abril de aquel año era un manifiesto de matiz completamente comunista[7]. Ante el intervencionismo de Mathews, respaldado por el State Department [proseguí] diciendo: «Señor Mathews Ud no tiene derecho a hacer lo que está haciendo. Ud. es un periodista extranjero no un cubano militante... lo que Ud. hace es un acto de intervención al actuar como partidario de Castro y venir a invitarme para que lo secunde. Yo no le permito que Ud. venga a hacer política conmigo. Yo creía que Ud. venía a mi casa a hacerme una entrevista. Mathews se puso [de pie], me arrebató el manifiesto de los 22 puntos y se retiró airado...»

La Sierra advertida de esta entrevista, me envió a mi casa... al correo de Castro, a quien le expliqué que yo había hecho unas declaraciones prometiendo gobernar dos años y convocar a elecciones generales en 1960, en el caso de ganar las elecciones de noviembre [1958]. Le entregué un ejemplar del Diario de la Marina de 9 de agosto de 1958, donde en primera plana aparecía el siguiente rótulo: «Reitera Márquez-Sterling su promesa de gobernar solamente dos años, para ser vehículo de una solución honrosa». Finalmente, Castro contestó diciendo que si [yo] abrazaba la causa de la Sierra yo sería el número uno de la revolución, pero que él no aceptaba de ninguna manera el proceso electoral, ni aunque las elecciones fueran honradas. Yo decli-

---

[7] El manifiesto de los 22 puntos había sido proclamado por Castro y en el se anunciaba la huelga general de abril, la cual fracasó, y las más terribles amenazas a todos los que no la secundaran

né esa proposición y le dije que estaba seguro de que si la Sierra apoyaba las elecciones éstas serían abrumadoras para el gobierno. Pero Castro reiteró que de ninguna manera aceptaba el proceso electoral y me invitó a subir a la Sierra, proposición que estuve a punto de aceptar si él por su parte, admitía la discusión de la cuestión, y de los resultados, que podía traer el triunfo de la Sierra, sin bases ningunas de legalidad. Yo agregué: «En la resistencia de Castro a las fórmulas propuestas no veo buena fe. Si él alude con ese número uno, que no entiendo, a la presidencia provisional de la República, dígale que yo no quiero llegar de esa manera, y que lo mejor que puede hacer es recomendarle a la ciudadanía que vote, y no estar amenazando a los electores con ametrallarlos cuando estén en las filas de los colegios para votar. Dejando votar a los electores yo seré ese número uno constitucionalmente». La respuesta de Castro fue la promulgación de la ley condenando a muerte a todos los candidatos de todos los partidos, aunque éstos fueran de la oposición política.

El gobierno [sin embargo] le hizo el juego a la Sierra, pues ésta lo que quería era que se robaran las elecciones, y yo mismo había dicho: «Si el Gobierno se roba las elecciones habrá 10 Sierras...»

Carlos Márquez-Sterling

Las labores de Herbert Mathews a favor de Castro es una actividad que demanda un estudio a fondo para determinar sus razones y procedencia. Este señor siempre propendió a defender y justificar todas las causas favorables al comunismo internacional. ¿Fue Mathews un «fellow traveler», un «idiota utilizable» o un miembro encubierto de la conspiración comunista mundial? En lo que respecta a Cuba Márquez-Sterling tenía información de la intensidad de su involucración con el movimiento de la Sierra. (Cartas números 50 y 51). La 51 es un vívido ejemplo de como muchas de las editoriales americanas, de franco color izquierdista se ocupaban de bloquear que la verdad en el caso cubano saliera a la luz. El libro de Márquez-Sterling fue sistemáticamente rechazado por numerosas casas editoriales comerciales y universitarias.

50
Dr. Guillermo Alonso Pujol
Apartado Postal 5102
Panamá

Por lo demás hay aspectos desconocidos para el pueblo de Cuba, en relación con las actividades de Mathews. El manifiesto de doce de Julio de 1957, firmado por Fidel, Pazos y Chibás, para torpedear la gestión de la Parlamentaria –una de ellas– fue aconsejado por Mathews, recomendado por Mathews y auspiciado por Mathews, como también lo fueron los sucesos acaecidos en Santiago, con motivo de la llegada allí de Smith[8]. ... 'Mathews tiene el triste privilegio de ser el único norteamericano que ha cooperado en Cuba a establecer una tiranía insoportable. Los otros que antes que él se ocuparon de nuestros asuntos, lo hicieron para liberarnos. Nunca para encadenarnos... Y él no podrá negar jamás que su visita a mí en Cuba lo fue para entregarme de parte de Castro el manifiesto de los 22 puntos, y ratificarme lo que más adelante me ofreció Delio Gómez Ochoa, es decir, que yo podía ser «el número uno de la Revolución Cubana...»" En relación con todo esto... un periodista norteamericano publicó una larga información diciendo: « Todo lo que ha pasado en Cuba, y algo más, se lo anunció a Mathews, el doctor Carlos Márquez-Sterling». Mathews dio la callada por respuesta... Al fin las cosas se irán sabiendo como fueron... Antes hablar de lo que iba a ser Fidel era delito. O señal de tramitación o venta. Gracias a Dios ya eso va cogiendo su nivel...'

Carlos Márquez-Sterling

---

[8] Al llegar el embajador americano Earl T. Smith a Santiago de Cuba en julio de 1957 fue recibido con una marcha de madres cubanas, vestidas de luto, que pedían la excarcelación y justicia para sus hijos y cantaban al unísono «Libertad». La manifestación fue torpemente dispersada por las fuerzas públicas.

51.
Dr. Guillermo Alonso Pujol
Apartado Postal 5102.
Panamá.

A propósito de mi Historia y de Mathews... me l[a] devolvieron, [la W.W.Norton & Company, Inc] con estos párrafos: «I regret to say that we are not going to make an offer on publication. Much of it is interesting and your general position is one [with] which we simpatize... but I cannot accept your argument that a man like Herbert Mathews was a conscious communist agent...»

Posiblemente lo que ha preocupado a esa casa, tal vez ligada al New York Times es que en el capítulo destinado a demostrar que la tésis de Mathews... que los Estados Unidos empujaron a Castro hacia el comunismo demuestro que es ampliamente falsa. En ese capítulo... se insertan varios editoriales del NYT... y hay uno particularmente humillante para Estados Unidos donde Mathews declara que, «los Estados Unidos, tiene que admitir que Castro los injurie». Con respecto a esa frase, la Casa extraoficialmente me pidió que la retirara. Yo les pregunté si no era verdad que así se había publicado, y me dijeron que efectivamente, pero que posiblemente era un lapsus. Repliqué: «Entonces es al NYT, al que le corresponde recoger ese lapsus».

Carlos Márquez-Sterling

Un caso típico de como la historia de Cuba, especialmente la de los años 50, se halla sepultada bajo una serie de conceptos erróneos producto de la propaganda que emana de Cuba, que se acepta como la verdad del oráculo más sagrado, de conocimientos superficiales, y de aplicárseles etiquetas o clasificaciones que si bien correctas para el milieu político americano son totalmente inadecuadas para Cuba, es la que provocó la carta número 52 que a continuación se incluye.

En ésta Márquez-Sterling le corrige la plana a los autores del libro «The Winds of December» que lo clasificaban como el candidato de los «conservadores» en las elecciones de 1958. Además de detallar como jamás en su vida política perteneció a movimientos conservadores, saca a relucir la oferta que Castro le había hecho de ser «el número uno de la revolución» si él se retiraba de las elecciones de 1958. Interesante entonces el conservadorismo de

Márquez-Sterling que provocara la oferta del más radical izquierdista de la revolución.

52.
Miami, Mayo 29, 1980
Sr. Roberto Fabricio
Director del *Miami Herald*
Miami, Fla.

Dicen ustedes, [en su libro «The Winds of December»] que yo era el candidato a la presidencia de la República Cubana, en 1958, de los conservadores. Aunque hoy en día ser conservador es más «progresista y liberal» que ser revolucionario o reformista, en verdad en Cuba yo jamás fui conservador... Miembro de una larga familia, que tomó parte en todas las guerras de independencia de Cuba... hasta mi modesta persona, jamás pertenecimos a partidos o grupos conservadores... Todos nosotros hemos figurado en las revoluciones cubanas... no en la del 58 y 59 porque desde el primer momento nos dimos cuenta de que era comunista... déjeme decirle que he estado exiliado tres veces por sostener las causas más liberales...

Ni yo ni mi partido representábamos a los conservadores sino a los verdaderos liberales que no querían que aquel drama se resolviera por la violencia. Al contrario nosotros representábamos las conquistas políticas y constitucionales que a través de nuestra historia se habían ido plasmando. Lo que se auspició fue el triunfo de una revolución retrograda, reaccionaria... Si Ud hubiera leído la edición de 1962, de mi historia de Cuba, hubiera visto allí, que Fidel me ofreció «el número uno de la revolución» si yo me retiraba de la lucha electoral. Yo le contesté que yo podía ser ese número uno, si él, desde la Sierra, declaraba que toda la ciudadanía fuera a votar, cosa que jamás se comprometió a llevar a cabo... Cuando la comisión de la Iglesia se acercó a Batista para que este restituyera las garantías constitucionales, Fidel declaró que si la comisión subía a la Sierra a hacerle esa proposición los fusilaba a todos... la Revolución Castrista,... desde los primeros momentos fue ella la reaccionaria y no los que la combatíamos como podíamos.

Carlos Márquez-Sterling

Los revolucionarios en todas su variantes desataron contra los electoralistas una salvaje campaña de mentiras y calumnias. Con esto se buscaba desprestigiarlos frente a la opinión pública cubana con el fin de incapacitarlos. Uno de los que más sufrieron estos ataques fue Márquez-Sterling. Contra él se inventó que estaba haciéndole el juego al régimen, ya que Castro y los que le acompañaban pronto reconocieron que era él quien podía descarrilar su revolución. Después del triunfo de la revolución se trato de imputarle a Márquez-Sterling los delitos con que lo habían calumniado. A continuación se incluyen las cartas numeroso 53 y 54 donde Márquez-Sterling refuta sus injuriosas e infundadas acusación. En la número 53 Márquez-Sterling cita el caso de uno de los jueces en la causa que se le seguía para expulsarlo de su cátedra universitaria, cuando, sin tener pruebas, afirmaba que éstas no eran necesarias porque había delitos que no las necesitaban por «estar materialmente aceptados por los tribunales revolucionarios». Parece ser que este señor se hallaba inspirado en aquello de Robespierre de condenar por «convicción moral» que se usó para mandar a la guillotina a cientos de víctimas inocentes.

53.
Julio 21 de 1967
Sr. Alfredo Hernández Lovio
Miami, Fla.

La calumnia... fue inventada por los fidelistas, en el curso de la lucha que manteníamos por la sucesión del régimen de Batista. Nosotros afirmando que era los votos; y ellos que eran las balas. Naturalmente, los votos no hubieran traído el comunismo. De ahí, el por qué se cebaron en mi persona inventando... [en lo que respecta a las elecciones] que mediaron pesos y centavos... [y] ... cheques que jamás existieron y que el Directorio Revolucionario, que decía tenerlos, como alegan, esos canallas, ahora, algunos de ellos procedentes de la conspiración que hundió a Cuba en el desafuero que la condujo al comunismo, jamás pudo presentarlos, y que nunca fueron aportados al juicio revolucionario que me siguieron para separarme de mi cátedra en la Universidad, hecho que motivó que uno de mis «jueces», hoy en el exilio dijera, lo que nunca se podrá olvidar, aunque se perdone, que había «delitos» que no necesitaban la eficacia de la «prueba» porque estaban «materialmente» aceptados por los tribunales revolucionarios.

Carlos Márquez-Sterling

54.
New York, Enero 31 de 1962
Sr. Eladio Ramírez de León
Miami, Fla.

Yo no hice escritos de descargos jamás, ni tenía que defender ningún bien, porque la revolución no me encontró absolutamente ninguno... porque mis escritos probaban, con absoluta nitidez que todo lo que ganaba era mío... [y que] estaba exento de la más remota sombra delictuosa. Conmigo, la contrarrevolución de Fidel Castro, se tiró la gran plancha. Y no teniendo nada que robarme, me han robado las ediciones del libro «Los Últimos Días del Presidente Madero», que se había impreso en México por mi cuenta...

Carlos Márquez-Sterling

> *En las últimas siete cartas que se incluyen en esta sección, las 55, 56, 57, 58, 59, 60 y 61, Márquez-Sterling aborda de frente la tesis de la llamada «revolución traicionada», así como una tendencia manifestada en el exilio que ha sido la de decir que en el problema cubano de la lucha contra Castro «todos fuimos culpables» o «todos nos equivocamos». Aunque no exactamente iguales las tesis de la traición, la culpabilidad y la equivocación tienen una fuerte afinidad.*
>
> *En la carta número 55, Márquez-Sterling explica lo que en realidad venía a ser la llamada «revolución traicionada». Este documento también debe ser leído en conjunción con las cartas 4 y 5 de más arriba. La número 55 fue escrita con motivo de una de las gestiones que en 1962 se estaban llevando a cabo para unir a toda la oposición en el exilio y la posibilidad de que constituido un gobierno en el exilio éste pudiera reclamar ante el mundo su legitimidad. Desde su punto de vista y lo que había pasado en Cuba, la legitimidad sólo se podía establecer reconociendo que las elecciones de 1958 habían sido escamoteadas.*

55.
Nueva York, Mayo 23 de 1962
Dr. José Ambrosio Casabuena
Miami, Fla.

Los cubanos necesitamos fijar un punto de partida hacia la legitimidad de los poderes, hacia la constitución de un gobierno provisional, sostenido por un principio de legalidad y una razón de origen, que al mismo tiempo que nos sirva a nosotros de bandera, les sirva a los que lo reconozcan de pretexto para fundamentar un reconocimiento.

Por otra parte, necesitamos fundamentar la acción... en las instituciones políticas y democráticas que defendimos siempre y de las que nunca quisimos prescindir. Ninguna más eficiente, a la altura en que estamos, que el reconocimiento de la verdad política, que tanto unos como otros, sostenedores de la violencia, con sus naturales excepciones, han tratado de ocultar. Unos, [batistianos] pretendiendo que las urnas arrojaron una mayoría para quienes ciertamente no la obtuvieron, como a nosotros todos nos consta; y otros, [abstencionistas y revolucionarios] porque les convenía la supresión de la prueba cívica, o cuando menos su negativismo, que de esa manera les franqueaba el camino hacia el poder asaltando éste para destruir las instituciones democráticas.

Precisamente, la diferencia entre nosotros y el régimen caído [Batista] descansa en esta verdad. Por otra parte, la diferencia entre el fidelismo y nosotros es también esa. Y por último, para desgracia de nuestro pueblo, que sufre los rigores de la tiranía totalitaria, la diferencia entre los partidos abstencionistas y los partidos electoralistas, como resultado ha sido el comunismo...

Todos los cubanos saben, aunque muchos no quieran reconocerlo, por ambiciones inmediatas de poder, que si nuestro triunfo en las urnas de 1958 hubiera sido reconocido, no habríamos sido gobernados jamas por Fidel Castro y sus comunistas y que por tanto nuestra patria no habría sido vendida indignamente... al imperialismo soviético. ¿Por qué no reconocerlo en el exilio?

Los que ocultaron la verdad electoral, en 1958, [el régimen de Batista] le dieron aparentemente, la razón a Castro; pero los que torpedearon las elecciones de noviembre [los abstencionistas y revolucionarios] nos dieron la razón a nosotros. De todas estas actitudes, que algún día tienen que ser reconocidas, parten nuestras grandes desgracias nacionales, y de ellas, y nada más que de ellas, sacó partido Fidel Castro, que era quien estaba con las armas en la mano, y aparecía, sin serlo, un libertador nacional.

Mientras unos y otros, en la medida de sus respectivos errores, no rectifiquen esta inmensa falsedad, en la que giramos hace años... no encontraremos la verdad verdadera. Estaremos desenvolviéndonos conforme a una mentira que como tal es incapaz de constituir el soporte que no halla eco en el pueblo de Cuba...

No hace falta argumentar contra la tesis de la revolución traicionada. Únicamente puede decirse que se ha elaborado para justificar por qué el poder lo alcanzó Castro y eludir el tanto de responsabilidad que les cabe [con] aquellos que nunca estuvieron engañados de lo que representaba Castro y sus pandillas. Si hubo engaño, descansaba éste en... que los «abstencionistas y colaboradores» creyeron superar al 26 de julio y manejar a Castro luego con la ayuda de la cancillería americana. Al fallarle las noventa millas – fallo que en otros aspectos ha sido de todos los cubanos- había que elaborar un pretexto. Pero no está de más afirmar que la tesis de la «revolución traicionada» no es otra cosa que la continuidad o alzamiento de esos señores frente a las instituciones democráticas de Cuba, negándose aun a reconocer que las urnas hubieran funcionado, como en 1944, si ellos hubieran cooperado a la organización de los partidos políticos, porque por mucho [que éstos] hubieran existido, uno de ellos habría ganado las elecciones, como en definitiva las ganamos nosotros, pues todos, o la inmensa mayoría de ellos, [los electores] que salieron a votar no lo hicieron para favorecer al gobierno sino para resolver el drama, evitando la permanencia de Batista en el poder, o que Fidel Castro, a quien nadie de buena fe deseaba, pudiera adueñarse del país. Por eso, la tesis de la «revolución traicionada» no ha sido capaz de unir a los cubanos, y no lo será jamás...

Carlos Márquez-Sterling

En la número 56 una de sus primeras cartas escritas en el exilio Márquez-Sterling, martilla en que la solución pacífica le hubiera evitado a Cuba el desastre del comunismo y destaca que los cubanos ahora convencidos del error de haber apoyado a Castro aun, sin embargo, se negaban a darle crédito por no haberse equivocado. También en ella destaca como la ecuación que hundiera a Cuba, la Batista-Revolución se había reproducido en el exilio. La carta 56 es prácticamente una consecuencia de lo que se explica en la anterior y rechaza de plano lo de «todos fuimos culpables», o todos nos equivocamos.

56.
Washington, Noviembre 22 de 1960
[No dice a quien está dirigida]
[La introducción: «Mi querido Antonio»
parece indicar Antonio Martínez Fraga].

En todos los periódicos que leo, editados en el exilio, «Patria», «La Marina», «El Mundo», «El Mambí», «Cuba Libre», etc., paso muy buenos ratos con los artículos y editoriales que publican en defensa de «nuestra tesis», en elogio de «nuestras divisas», en apoyo de «nuestras doctrinas». Pepín, Baquero, Suárez Lomba, Montaner, Sifredo, González del Valle, Ricardo Vila, y otros, defienden absolutamente todas las consignas que otrora levantamos cuando aquella lucha. Lo único que no he leído es mi nombre todavía. Tanto en un campo como en otro – excepto en el campo enemigo – mi apellido arrastrado por el fango de la calumnia y de la maldad castrista, no se menciona JAMÁS.

Nuestra tesis era correcta. El abanderado está olvidado, inhabilitado, tachado, desterrado, porque tuvo el coraje de sostener una doctrina que demostraba la equivocación de los que nos robaron las elecciones y de aquellos que haciendo dejación de sus lideratos políticos, se abstuvieron para dar paso a lo que hoy destruye a Cuba.
¿Rectificaciones? Ningunas.

Los batistianos quieren defender aún las elecciones, diciendo que las ganaron. Los revolucionarios quieren aun tupir al pueblo asegurando que una revolución, que ellos no hicieron, pues vivían en Miami esperando que les avisaran por teléfono, ha sido traicionada. Y los americanos, colaboradores de origen, apoyan a los fidelistas sin Fidel, para esconder, mientras puedan, el inmenso error de no haber usado su influencia para que Batista, en lugar de permitir robarse la urna, hubiera realizado unos comicios honrados, aun con los electores que votaron, que fueron bastantes... Si hubieran exigido a Batista que hiciera elecciones honradas nada de lo que ha sucedido tendría verificación. Habríamos salvado a Cuba del comunismo, del odio, de la simulación... y de toda esa gama de barbaridades que ha convertido al cubano en uno de los ciudadanos menos libres de América... Si nuestra tesis original, es decir, la mantenida por nosotros, las elecciones, se hubiera reconocido aún en el exilio, declarando la realidad: que nosotros ganamos el Pueblo Libre sería una realidad... Pero nadie la quiso sostener. Unos porque les dolía reconococer sus errores; otros porque hubieran dado al traste con su tesis de la revolución traicionada que no es otra cosa que la justificación del Abstencionismo

Carlos Márquez-Sterling

> *En la que sigue, la 57, rebate la idea de la culpabilidad de todos, ya que no todos lo fueron.*

57.
Miami, October 22, 1982
Sr. Alfredo Pérez Dieppa
Miami, Fla.

En cuanto a que todos somos culpables de lo que ha pasado en Cuba, es un concepto contra el cual siempre me he manifestado.

A lo largo de nuestras luchas no todos fuimos culpables, y si podíamos haberlo sido, a la luz, de los acontecimientos de aquella época, que estimó conveniente liquidar la situación imperante por medio de una revolución, los hechos posteriores han demostrado que estábamos en lo cierto, razón por la cual esa generalización que tanto incapacita a los que deseamos una estructuración que persiga la libertad futura de Cuba, conspira [contra] la organización final por la que se pueda defender a Cuba.

Un país donde todos estaban equivocados no tienen derecho al regreso, pero un país donde los no equivocados formen una nueva conciencia que olvide el pasado y construya el futuro es un pueblo que puede aspirar de nuevo a vivir sus mejores horas.

Carlos Márquez-Sterling

> *En la número 58 añade que los que así declaran lo hacen «para que sus errores», los de haber respaldado la revolución de Castro, les « sean menos costosos». Las números 59 y 60 amplían este*

concepto agregando con certero análisis que tal aseveración se hacía, precisamente, como una defensa de todos los que sí se equivocaron.

58.
Enero 14, de 1972
[Sin nombre ni dirección]

Tu carta, amigo Chicho es muy efectiva. Yo también sufro y callo, cuando oigo decir a los que se equivocaron y nos trajeron a Fidel, que 'todos nos equivocamos'. Eso no es verdad, pero en general falta el civismo de reconocer, en quienes nos lo jugamos todo, quienes se equivocaron y quienes no; pues los que erraron con h y sin ella, lo que quieren, como siempre, es un estado de confusión general, como especie de Jordán, para bañarse en él y volver a flotar... En Cuba no ha habido estadistas en el Poder... acaso Zayas, porque al cubano lo ha perdido siempre la envidia y es la envidia la que acabó con la República...

Carlos Márquez-Sterling

59.
[Nueva York, abril 9, 1972
Sr. Feliciano Vigoa
Nueva Orleans. La.

«Como así le decían a Ud. dándonos la razón, en la postura que adoptamos en Cuba... así he recibido de Cuba y del propio exilio, miles de carta[s], donde reconocen que nosotros estábamos en lo cierto, y que nuestro triunfo hubiera sido la salvación de la patria. Pero desdichadamente, han venido a reconocerlo ahora y no cuando tenían que haberlo hecho que le hubiera evitado a Cuba muchas sangres, muchas vidas, muchos horrores, y caer bajo las garras infames del comunismo. Pero a nosotros, a mí y a los que me acompañaron en aquella gloriosa cruzada, nos queda el consuelo que algún día será bandera de reivindicaciones, de haber estado en lo cierto, aunque muchos digan que TODOS NOS EQUIVOCAMOS, seguramente para que sus errores sean menos costosos.
Realmente, no todos nos equivocamos...»

Carlos Márquez-Sterling

60.
Nueva York, Octubre 25, 1974
Dr. Rafael Guas Inclán
Miami, Fla.

Que trabajo le cuesta al cubano, reconocer, con sus nombres y apellidos, los méritos de los que NO NOS EQUIVOCAMOS, en el proceso de traspasarle la Isla a Rusia, mediante la contrarrevolución fidelista, que ha traído todo esto... Porque eso de, TODOS NOS EQUIVOCAMOS NO DEJA DE SER UNA DEFENSA DE TODOS AQUELLOS QUE SE EQUIVOCARON...

Carlos Márquez-Sterling

> *Por último, en la número 61, que cierra este capítulo del epistolario, Márquez-Sterling, enfáticamente y con toda la moral y la justicia que le asistían, por haber sido uno de los pocos que sí vio venir y anunciar a sus compatriotas lo que era y significaría para Cuba el triunfo de Castro, reafirma que él constituyó la tercera fuerza, que nuestros problemas se hubieran resuelto con un cambio de gobierno y no de régimen, como el preconizaba y, que espera que algún día sus compatriotas le reconozcan que él, y no como otros, «ni había engañado, ni se había equivocado con Fidel Castro». Ahí, en el libro de la historia, quedan los hechos y para siempre la gran interrogante de cual hubiera sido el destino de Cuba de haber los cubanos prestado atención a su mensaje y haber seguido los pasos de su movimiento.*

61.
[Esta carta responde a varias preguntas,
que parecen ser de una entrevista para
ser publicada. No tiene dirección, ni fecha.
Luce haber sido remitida entre 1963-1965].

Nosotros fuimos en Cuba, la tercera fuerza... No pretendíamos... perseguir ni fusilar a nadie, ni enviar a los tribunales a los que no lo merecieran. No sentíamos odio por los que gobernaban, ni por los que hacían la revolución. Entendíamos que el problema cubano era el de una dictadura de carácter político,... y queríamos superarla por la vía del voto... Entendíamos que la única revolución que faltaba por hacer en Cuba era la revolución comunista, y nos negamos a apoyarla. Nuestro pueblo había hecho, en el espacio de 54 años, cuatro revolu-

ciones. Habíamos progresado muchísimo. Y nuestros problemas se hubieran resuelto con un cambio de gobierno, no con un cambio de régimen, como ha sucedido. Así se lo dije a Herbert Mathews, cuando éste fue a verme a mi residencia en la Habana y me propuso apoyar la revolución castrista. Me siento satisfecho de mi posición... Y espero que algún día mis compatriotas me hagan justicia y reconozcan que yo NO ENGAÑÉ, NI ME EQUIVOQUÉ CON FIDEL CASTRO...
Carlos Márquez-Sterling

En el destierro, hasta su deceso en 1991, Márquez-Sterling nunca dejó de trabajar por producir la unidad de todos los cubanos como fórmula ineludible para enfrentarse a la tiranía castro-comunista. Era su opinión que en el exilio había que cancelar viejas rivalidades políticas. Así, en 1964, convergió con el ex presidente Carlos Prío Socarrás, hombre de reconocida y sincera cordialidad, para trabajar por el reconocimiento de un «Gobierno Cubano en el Exilio».

V

«EL EXILIO: UN PERÍODO OPACO, CHATO Y SANGRIENTO»

*En efecto, yo no vine al exilio
sino para luchar por Cuba.*
Carlos Márquez-Sterling
Miami, Octubre 7 de 1982
Carta al Sr. Luis S. Ribo. Tampa, Fla.

Reunión de los dirigentes del partido del Pueblo Libre en la residencia de Márquez-Sterling durante la campaña política de 1958. Junto a Márquez-Sterling aparecen Nestor Carbonell, Antonio Martínez fraga, Miguel García y otros lideres.

1) Introducción

Perseguido por el régimen de Fidel Castro, Carlos Márquez-Sterling se vio obligado a asilarse en la embajada de Venezuela en Julio de 1959. De Venezuela, donde solamente permaneció unos días, pasó entonces a los Estados Unidos de América donde residió hasta su fallecimiento treinta y dos años después.

No bien hubo puesto sus pies en los Estados Unidos cuando Márquez-Sterling ya se encontraba dedicado en cuerpo y alma a todas las serias y sensatas actividades, encaminadas a liberar del yugo castrocomunista a su amada y entrañable patria. Carente de recursos materiales, como se encontraban todos los cubanos en aquel entonces para enfrentarse al Leviatán castrista, apoyado por la hoy finada Unión Soviética y su comunismo internacional que todo lo infiltraba, no hubo gestión que Márquez-Sterling no hiciera, ni puerta a la que no acudiera para clavar en ella su demanda por la libertad de Cuba.

Hacer aquí un recuento total de todas estas gestiones llevaría páginas y páginas que sacarían de cauce a este breve epistolario que se ha hecho, si se quiere, de guía a su voluminosa correspondencia y, sobre todo, de develación de los pensamientos íntimos de un cubano que siempre a yelmo descubierto y con el mayor patriotismo, hizo todo lo posible por evitarle a Cuba el horror de los últimos cuarenta y cinco años.

En la colección de su correspondencia se pueden seguir, casi día a día, sus constantes esfuerzos por producir la unidad de los cubanos en el exilio. Las más notables de sus gestiones fueron: la fundación en 1963 de sus «Clubes Patrióticos» inspirados por el ideario de José Martí en 1895, y que en un momento llegaron a unos 80; el «Comité Cubano de Liberación», y el fallido intento del» Gobierno Cubano en el Exilio» junto con Carlos Prío Socarrás y otras figuras políticas notables. También en su correspondencia se encuentran evidencias de sus gestiones llevadas a cabo en Francia, Alemania, Brasil, Santo Domingo y Haití. Con estas gestiones, a veces de carácter muy personal, Márquez-Sterling luchó por darle la vuelta a la «stasis» de la política norteamericana con respecto a Castro, y a las constantes y nocivas interferencias emanadas del Departamento de Estado americano, y de la entorpecedora CIA la cual, al repartir sus favores remunerativos en el exilio a unos cubanos por encima de otros, solamente servían para incrementar el divisionismo y beneficiar a Castro.

2) Las Cartas

A continuación se incluyen 17 cartas en donde Márquez-Sterling comenta sobre el estado y la mentalidad del exilio cubano que él conoció a fondo por encontrarse, por años, profundamente involucrado en las ingratas y desesperantes gestiones por crear un frente común en contra del régimen comunista de Cuba. Estas íntimas observaciones en rarísimas ocasiones se hicieron públicas en sus discursos y artículos ya que él pensaba que su manifestación sólo habría de contribuir a crear polémicas estériles y más divisionismos.

Estas cartas se han escogido por ser representativas de las orientaciones que a lo largo de todo su amargo exilio guiaron su conducta en lo que respecta a la consecución de la unidad que nunca se pudo lograr para articular un poderoso movimiento en contra de la tiranía de Castro.

En la número 1 Márquez-Sterling bautiza a este período con la descriptiva frase de «período opaco, chato y sangriento». «Opaco» ya que los intensos esfuerzos que se hacían por unir al exilio se sucedían sin producir resultados algunos y donde el objetivo central, que era hacer la luz de la libertad de Cuba, desaparecía bajo una pátina de protagonismos y ambiciones mezquinas. «Chato» porque los «líderes» de la miríada de grupitos hacían todo lo posible para que sus rivales no despuntaran so pena de perder ellos sus efímeras y falsas jerarquías. Y «sangriento» porque mientras en el exilio reinaba la esterilidad Castro continuaba en Cuba su carrera de asesinatos, encarcelamientos y atropellos.

Su brújula política le indicaba:

1. Que su conducta no debía estar guiada por aspiraciones personales. Véanse al respecto las números, 8, 9, 13, y 15. Es importante recalcar aquí que Márquez-Sterling, un hombre orgulloso de sus pasadas actuaciones públicas, estaba dispuesto en todo momento a desechar protagonismos para la creación de la unidad. Esto se puede ver en la # 15 donde al decir que, «con la autoridad de mi

vida pública», se pone al servicio de lo que haría factible la libertad de su patria. En la número 8, inspirado en la prédica martiana destaca la fórmula para la unidad: «el amor que lleva al patriotismo».

2. Que los llamados «fidelistas sin Fidel» y los de la «revolución traicionada», que habían apoyado a Castro en Cuba, intransigentes a todo trance, eran en el exilio uno de los obstáculos mayores para la realización de la unidad. Véanse las números 2, y 3.

3. Que tener un programa, un plan a priori, era ineludible y primordial para no seguir al garete y estar sujetos a la improvisación y a las interferencias americanas. Véanse la número 4, donde inspirado en el ejemplo martiano habla de que las guerras van montadas en papeles; la 5, donde sin mencionar el desastre de Girón por nombre se refiere a él; la 7 y la 14 donde se mencionan los efectos catastróficos de Girón, y

4. Que mientras hubiera individuos o grupos subvencionados por el CIA que arreglaba infiltraciones individuales o en pequeña escala, que por su ineficacia eran criminales, no se podría hacer la unidad. Estos elementos entorpecían y torpedeaban los esfuerzos unitarios ya que la unidad los obligaría a abandonar sus «modus vivendis» y sus ilusas lideraturas. Véanse las números 6, 9, y 10.

Por último hay que llamar atención sobre la penetrante visión de Márquez-Sterling acerca del futuro del exilio en las cartas números, 11 y 12. En la primera ya él detecta el curso que el exilio por el año de 1973 había tomado, curso que ha llegado a nuestros días y que resultó ser uno de embotamiento lento. Obsérvese aquí como él dice que el exilio no podía ser uno de «coexistencia pasiva» sino de «realidad activa y dinámica». Cualquiera que hoy lance una mirada al exilio o escuche la radio de Miami se podrá dar cuenta como el exilio se halla profundamente hundido en la coexistencia pasiva y esperando, en casi completa inercia, a que otros vengan a resolverle el problema mientras las críticas y los denuestos entre los desterrados abarrotan las ondas radiales.

Así mismo es importante observar como ya en 1966, muchos años antes de que se hiciera realidad, Márquez-Sterling percibía a cabalidad que la actitud de «coexistencia pasiva» en el exilio se aceleraba debido a su transformación de uno de «desterrados» y de «exiliados» a uno de «emigrados». Carta número 12.

Y, sin embargo, apasionado como era por la libertad y el bienestar de su patria y sus compatriotas, aun a la avanzada edad de 87 años, y ya prácticamente retirado de muchas de sus actividades públicas, aun seguía machacando y dando consejos sobre la necesidad de unirse y soñando con la libertad de su adorada Cuba, como bien se puede ver en las tres cartas: 16, 17 y 18.

1.
[Nueva York, Enero 26 de 1963
Eladio Ramírez
Miami, Fla

La desunión nos hace mucho daño. El día que se escriba este período opaco, chato y sangriento de nuestra historia, se harán críticas muy hondas a los que trajeron a Castro, y a los que con sus vetos, discriminaciones y programas casi castristas llegaron al exilio dividiendo a los cubanos, cuando aún se conservaban en Cuba resortes vivos que podían haber depuesto a Castro. ¡Qué Dios los perdone...! Ambiciosos vulgares que por administrar las pesetas que les tira el yanqui demoran la fuerza nacional que podíamos desplazar todos juntos...

Carlos Márquez-Sterling

2.
[New York], 30 de Marzo de 1963
Mr. Noah Duque de Estrada
Miami, Fla.

Créame que yo carezco de aspiraciones personales. Luché mucho en el pasado por evitarle a Cuba su caída en el fidelismo y sufrí mucho con aquella campaña. Si hoy me decido a actuar no lo hago por aspiraciones personales sino por buscar la ansiada unidad o una gran mayoría de cubanos agrupados junto a una doctrina, porque sin ella no rescataremos a Cuba, ya que por falta de unidad la perdimos. Si no se le hubiera hecho el juego al fidelismo jamás habríamos caído en este abismo.

Carlos Márquez-Sterling

3.
Nueva York, Marzo 31 de 1963
Sr. Roberto Melero Juvier
Río Piedras, Puerto Rico.

Durante noches enteras me he sentido invadido de fuerzas extrañas, que martillean en mi cerebro. ¿Cómo encontrar el procedimiento para realizar la sagrada misión de libertar a Cuba, si no tenemos elementos de combate, ni aún en los medios donde nos desenvolvemos? Se burlan de nosotros. Nos relajean. Nos desprecian. Se ríen de Cuba y de los cubanos democráticos en sus propias narices. Doblados bajo el peso del tremendo drama de haber perdido nuestra patria se mofan de nuestro dolor inventando las tesis más viles para prolongar esta situación... Porque... sólo una gran indignación de los cubanos, robados, maltratados, apaleados, perseguidos, burlados y utilizados de carne de cañón,... podrá crear la nueva mentalidad que nos devuelva la patria y el honor de ser cubanos. Sólo eso. Se habla de la Nueva Cuba. Sandeces, estupideces, timos de jovencitos, «politiqueros», afilándose los dientes para el nuevo despojo... Lo que hace falta para restablecer en Cuba el imperio de su soberanía no es una nueva Cuba, sino una nueva mentalidad, que organice la nueva guerra, para volver a lo que fuimos, que no es regresar al pasado ni muchos menos.

Carlos Márquez-Sterling

4.
[Nueva York] Julio 29 de 1963
Dr. Mario Cobas Reyes
Miami, Fla.

Estoy en desacuerdo con todos ustedes que piden primero armas, para empezar. ¿Para empezar qué? No pierdan de vista que la formación de un organismo civil es previa a toda otra acción. Las guerras van sobre papeles, hasta que llega la hora de hacerlas caminar sobre balas, pero comenzar primero por las balas, sin tener arreglado los papeles es un error que pagamos en el pasado... y muy caro por cierto en la improvisación de playa Girón.

Carlos Márquez-Sterling

5.
Agosto 13 de 1972
Sr. Tomás Cruz
Miami, Fla.

Cuando yo llegué al exilio, mandaban en él, los hermanos Kennedy, y me abstuve de actuar ni en un sentido ni en otro. Observé los acontecimientos, llevando dentro de mi corazón la certeza de que cuanto se planeaba terminaría en un fracaso rotundo, pero no lo expresé en forma alguna. Los acontecimientos me dieron la razón, y el desastre que sobrevino, ausentes los cubanos, de las decisiones que debían tomarse, fue tan grande que aun estamos sufriendo sus consecuencias...

Pasado ese momento, en 1963, comencé la organización de los Clubes Patrióticos... Era idea fundamental de esos clubes, el que estuviéramos juntos, pero no revueltos... Apenas se formuló la idea, salieron a combatirla y después de dos años de luchas intensas y de explicaciones del objetivo, decidimos disolver los clubes que llegaban ya a 80 de ellos. Se me ocurre pensar, frente al fracaso continuado de la unidad, que no estamos en el exilio por casualidad...

Carlos Márquez-Sterling

6.
[Nueva York] Noviembre 3 de 1963
Ing. Gustavo Perea.
Doylestown, Pa.

Estamos luchando por la mayor unidad de los cubanos. Mientras existan grupos sostenidos por el CIA, y aspirantes a líderes que no quieren la UNIDAD no tendremos a Cuba. El trabajo a destajo, por la libertad, no es útil, y las aventuras y las infiltraciones individuales, o en pequeña escala, son criminales. Créamelo. Hace cinco años que venimos cebando nuestro drama, creyendo que lo de Cuba es una aventura. Y estamos equivocados.

Carlos Márquez-Sterling

7.
[Nueva York, 5 de Noviembre de 1963
Dr. Arístides Sosa de Quesada
Miami, Fla.

Lo de Cuba no se ha arreglado porque los cubanos no han querido elaborar un plan de conjunto, donde el derecho de los demás se compagine con el nuestro. Todo el mundo tiene una bodeguita y espera llenarla de clientes. El plan que venga, pero a base del jefecito que ha soñado administrarlo para él sólo. No se aspira a tener nación sino a tener una jefatura, y mientras ésta no se cuaja, la nación que es de todos sufre la esclavitud del comunismo, o del nazismo, o del tema de turno, pues no [hay]verdadera ideología, sino apetitos de Poder, de un poder absoluto... Casi todos los jóvenes aspiran a Fideles, de mayor cuantía o de menor cuantía...

Carlos Márquez-Sterling

8.
11 de Noviembre de 1963
Sr. Mario González Cuesta
Miami, Fla.

Yo siempre he sido un gran creyente en que el amor es la única doctrina que enciende en el corazón el patriotismo. Lo dijo nuestro Apóstol, cuando levantaba la fe del exilio, en los años del 80 al 95, en el destierro: «EL PATRIOTISMO NO ES MÁS QUE AMOR».

Carlos Márquez-Sterling

9.
Nueva York, Noviembre 19 de 1963
Sr. Ernesto A. Carcas.
Montebello, California.

Yo a nada, que no sea volver a Cuba aspiro. A mis años no se hacen planes de largo alcance, por ambiciones personales, ni se sueña con otro galardón que vivir en su patria. Opinamos que no debemos permitir el fraccionamiento de los cubanos en miles de grupos, porque eso daña y desorienta, y andamos a ciegas, víctimas de los farsantes que viven de la bola y el infundio. La nueva independencia de Cuba está en razón inversa de los grupos y en razón directa de su unidad.

Mientras más salvadores haya, más lejos de regresar estamos... Estar con todos, lo repito, no es estar con nadie. Así vamos contra la realidad y desoímos las formas poderosas de vencer... Mientras se alimente [los americanos] a tanto «falsario» que ha hecho del dolor del destierro un medio de vida, no tendremos patria.

Carlos Márquez-Sterling

10.
New York, Noviembre 29 de 1963
Sra. María Quevedo
San Luis, Mo.

Sigo creyendo que un tanto por ciento muy grande del éxito frente al fidelo-comunismo, depende de nosotros los cubanos. Mientras exista una inmensa masa, inhibida de la acción, a la que enamoran minorías facciosas e irritantes que muchas de ellas tienen el sentido totalitarista del marxismo y el fidelismo, no llegaremos a nada, porque en esta forma ni nos respetan ni nos temen. El día que esa masa salga de su marasmo y falta de intereses activo y se decida a apoyar algo, las minorías díscolas desaparecerán, y el plan serio habrá surgido. Esto es lo que buscamos nosotros. Ojalá que Dios nos ayude. Porque si en Cuba tuvimos RAZÓN, TODA LA RAZÓN, AQUÍ EN EL EXILIO HACEMOS ACOPIO DE ELLA PARA REMATAR LA OBRA QUE ENTONCES NO NOS FUE AYUDADA Y QUE MERECIÓ Y MERECE QUE LOS CUBANOS SE DEN CUENTA DE QUE NO TRABAJAMOS PARA NOSOTROS, SINO PARA QUE TODOS PODAMOS REGRESAR A LA PATRIA, MÁS QUERIDA MIENTRAS MÁS DESGRACIADA.

Carlos Márquez-Sterling

11.
Nueva York, Diciembre 6, 1973
Eladio Ramírez
[Sin dirección]

Este exilio es inexplicable. No ha podido hacerse nada, porque el más incapaz de los que por aquí pululan se creen capaces de hacerlo todo. La nación cubana, en el destierro, debía ser una realidad activa y dinámica, no una coexistencia pasiva para la crítica y el ataque personal contra todos aquellos que quieren hacer algo. Esto que Ortega y Gasset llamaba «el particularismo», y que acabó con la España de las tres primeras décadas de este siglo, nos está pasando a nosotros... Entonces lo mejor es el silencio, alterándolo de vez en cuando, para examinar temas ajenos al «particularismo», sólo por llenar una función agradable al espíritu.

Mantiene mi esperanza, para mis nietos –ya mis hijos perdieron a Cuba– el que el cubano de todas las épocas, fue por el estilo. Cuentan los cubanos de aquella época... que cuando [Miguel de] Aldama, después de haberse arruinado por la causa de Cuba, vivía sus últimos años, en Nueva York, muy modestamente [y] que cuando le tocaban a la puerta, le decía a uno de sus hijos: «Hijito, si es cubano, dile que no estoy...»

En el exilio no han podido formarse hombres... Pueblo sin hombre, pueblo sin horizontes. Se formarán pero será peleando muy duro en esas entrañas, contra los enemigos declarados, y contra los que no dejan trabajar... Que vengan a dirigir los que no dejan dirigir, ¿pero dónde están?...

Carlos Márquez-Sterling

12.
[Nueva York], 30 de Sep, 1966
Sr. Dr. Miguel Olba Benito
Miami, Fla.

Desdichadamente, siendo yo un combatiente sin desmayos por la unidad, coordinación, o conciliación, o como quiera llamársele, no la veo cercana... La veo, sí, en función de que alguno de nosotros vaya presionando, por razón de actividad afortunada, esa conciliación, pero no en otra forma, porque a nuestros compatriotas no se les convence, se les cansa, y desde luego ya hay cansancio en el exilio, y más emigrados que desterrados, en lo que al pensamiento se refiere. Cuando la competencia no sea «iracunda» y «envidiosa» y sea menor, llegaremos a puerto...

Carlos Márquez-Sterling

13.
[Nueva York], Junio 8 de 1967
Dr. Rafael Guas Inclán
Miami City, Fla.

Yo he sido «unitario» desde que llegué al exilio. No he herido a nadie aunque se trate de mis enemigos más gratuitos. He ayudado a todos los que han querido ser cabezas. Pero no me pagan con la misma moneda. A la altura en que estamos, las injurias no me asustan, ni la calumnia tampoco. Nunca les hice caso, y aquí en el exilio menos. Pero eso demora mucho lo nuestro y da pábulo a que no se respete al cubano, en general, por díscolo, histérico, agitador, bocón y mentiroso. En fin, que Dios se apiade de nosotros.

Carlos Márquez-Sterling

14.
[Nueva York], Noviembre 12, 1967
Sr. Aurelio G. Dulzaides
Miami, Fla.

Este exilio es complejo, quisquilloso, desconfiado, agresivo y conforme.

Esto ultimo encierra una paradoja inverosímil, pero es así. En realidad, después del desastre de Girón, el cubano no ha visto (me refiero a la masa) una oportunidad posible en la derrota de Castro, y se ha retraído. Los que nos ocupamos somos pocos, y casi somos los mismos, repartidos en un montón de agrupaciones carentes de medios para hacer la guerra, pues es en Cuba donde hay que hacerla... Por otra parte, los americanos, considerando a Cuba, un foco peligroso para la chispa que encienda una nueva guerra mundial, han controlado [nuestras] relaciones con el interior de Cuba, y esa es otra dificultad.

Carlos Márquez-Sterling

15.
[Nueva York] Enero 22 de 1968
Sres. Carlos Jones, Bernardo Benes y
José A. Bosch. Miami, Fla.

Desde que llegué al exilio, hace ocho años, con la autoridad de mi vida pública, he luchado ardorosamente, por lo que decididamente haría factible la libertad de Cuba: la unión de todos los cubanos...

Nunca seré obstáculo a ninguna actuación que culmine en un programa unitario y en una dirección jerarquizada, y desde luego, anuncio que si de alguna de las reuniones que se proyectan en Miami, se llega a conclusiones, no seré yo el último en acatarla y en sumarme a ella. Pero en el procedimiento, he decidido no tomar parte en reuniones voluminosas de elementos dispares, si antes, en lo privado, no nos hemos puesto de acuerdo sobre los puntos a tratar; pues así, sin comunicación previa, corremos el riesgo de prolongar las discusiones que ya resultan desesperantes, y en las que lejos de acercarnos nos distanciamos más.

Si... esto no fuere posible,... el procedimiento más adecuado sería [unir a] los segmentos más principales... en un gran Consejo de Gobierno. Estas dirigencias... tendrán calor popular y respaldo efectivo; pero ese respaldo será más poderoso si logra el enlace, sin mistificaciones de ninguna clase, entre las generaciones que han sido proscriptas por el embate comunista, pues de esa forma es como únicamente podrá forjarse la representación adecuada... Hago votos porque la reunión pública que ustedes preparan en Miami sea un éxito y salga de ella, el procedimiento adecuado que nos lleve a la liberación de la patria víctima de la tiranía castro-comunista.

Carlos Márquez-Sterling

16.
Miami, Enero 11 de 1983
Sres. Ernesto de la Fe,
Aurelio García Dulzaides, y
Máximo Sorondo.

Después que en 1967... disolvimos los Clubes Patrióticos, que llegaron a tener cerca de seis mil afiliados, pero que no fueron útiles a la unión de los cubanos, que continuaron parcelados en distintas organizaciones... no hemos vuelto a formar parte de ninguno de esos grupos por respetables que sean.

Nos hemos limitado... desde que nos mudamos... a Miami, a firmar algunos documentos... abogando por alguna forma de unidad que nos permitiera una política en común

Yo entiendo que hay dos maneras de libertar a Cuba del comunismo. Una es uniéndose todos los cubanos como nación libre y democrática... cosa que obligaría a los gobiernos de los Estados Unidos a contar con el exilio en conjunto, y no como hacen constantemente de tratar de arreglarse con Castro individualmente, sin tener en cuenta que ellos (los gobiernos de Estados Unidos) son tan culpables como el que más de la comunización de la Isla, por haber ayudado a Castro a tomar el Poder y haber después abandonado la causa de la democracia en Cuba, tanto en Girón como en la crisis de los cohetes.

La otra manera... es que los Estados Unidos, protegiéndose del comunismo invadan a Cuba... Esto tal vez traería la guerra, aunque yo personalmente no lo creo. Pero en este caso temo mucho que pasarían muchos años antes de que nuestra patria recobrara el gobierno propio.

El problema de Cuba no es de grupos. Lo que hemos perdido... es la nación... la que fundaron nuestros libertadores... Si nos juntáramos para luchar por la unidad... yo estaría dispuesto... a integrar esa tarea...

Carlos Márquez-Sterling

17.
Miami, Enero 2, 1985
Dr. Ernesto de la Fe.
Miami, Fla.

Yo creo que Cuba habrá de recuperarse... Como tú, seguiré peleando. En este año entro en los 87, pero afortunadamente mi cabeza funciona muy bien, y mi cuerpo todavía me acompaña en el trabajo diario de ir poniendo lo que se puede en favor de Cuba.

Carlos Márquez-Sterling

18.
Miami, Enero 5, 1985
Sr. Ernesto de la Fe
Miami, Fla.

Castro... envejece y no tiene sucesor...

Lo grave es que el exilio no tiene nada preparado y habrá que entenderse con los de allá, pero cuando la rueda comience a dar vueltas, todo será posible...

Carlos Márquez-Sterling

3) «El Gobierno Cubano en el Exilio»

La catástrofe de Bahía de Cochinos en 1961, y los aciagos acuerdos entre la Unión Soviética y los Estados Unidos para resolver la Crisis de los Misiles un año más tarde, y por los cuales el presidente Kennedy se había comprometido a respetar la permanencia del régimen de Castro, fueron para el exilio golpes rudísimos que lo dejaron profundamente dividido y casi en la impotencia.

Sin embargo, el asesinato de Kennedy en 1963, y la ascensión a la presidencia de Lyndon B. Johnson, que tenía fama de ser un fuerte anticomunista, sirvieron para revivir en el exilio las esperanzas de un cambio en la política americana. Esto provocó entre los exiliados una reanudación de las gestiones por lograr la unidad. Una de las más intensas tareas que se llevaron a cabo de 1964 a 1965 fue la de la constitución y el reconocimiento, por las naciones del Hemisferio Occidental, de un «Gobierno Cubano en el Exilio». Estas gestiones que fueron ideadas y enérgicamente impulsadas por Márquez-Sterling constituyen un perfecto microcosmos o «Case-Study» de los problemas que afectaban al exilio, de la actitud de las cancillerías latinoamericanas, y del cauteloso y ambiguo role de los Estados Unidos.

La intensa gestión por el «Gobierno Cubano en el Exilio» la provocan o incitan dos eventos continentales no relacionados entre sí. El primero es la denuncia de Venezuela ante la Organización de Estados Americanos provocada por la ingerencia subversiva del régimen cubano en sus asuntos internos, y el segundo, el golpe de estado en Brasil, en 1964, del General Humberto Castello Branco que había depuesto al Presidente Joao Goulart quien simpatizaba con el régimen castrista. Es importante también destacar que lo del «Gobierno en el Exilio» surge poco después que Carlos Prío Socarrás y Márquez-Sterling habían llegado a importantísimos acuerdos para unir a los cubanos y que al respecto se había creado el «Comité por la Liberación». Es por esto que los dos casi hasta el final trabajaron juntos en esta tan importante gestión.

A continuación se ofrecen una serie de cartas donde se pueden ir siguiendo los pasos y las opiniones de Márquez-Sterling durante las gestiones conducentes a la creación de un «Gobierno Cubano en el Exilio». Para tener un mapa y una continuidad del proceso estas cartas se hilvanan con fragmentos de una muy larga, escrita en mayo 8 de 1965, como resumen y explicación de todo el proceso y en la cual Márquez-Sterling hace una narración detallada de toda la fallida gestión del «Gobierno en el Exilio». Para hacer su lectura más fluida los nombres de las personas a quienes van dirigidas las cartas se incluyen en las notas apartes del capítulo.

19.
Abril 3 de 1964.

Lo del Brasil [El golpe de estado de H. Castello Branco] ha venido a ayudarnos mucho. El Eje-México-Río Janeiro se ha roto y esto indudablemente da mucha libertad a la OEA. Colijo que Brasil, que se ha producido tan gallardamente contra el farsante de [Joao] Goulart, millonario-rojo, es decir, falsario de una teoría que le impone a los demás, pero [no] a él mismo, romperá relaciones con Cuba... Bien es verdad... las declaraciones de [Thomas] Mann, [funcionario americano del State Department a cargo de asuntos Latinoamericanos] cuando dijo que la política de inmiscuirse en los gobiernos para castigar a las derechas y aupar las izquierdas, son las que han traído este cambio, que promete bastante... Pero debemos insistir en unirnos y hacer nuestra parte.

Carlos Márquez-Sterling

20.
Abril 3 de 1964.

Espero que pronto... las relaciones [del Brasil] con Cuba se rompan... Eso rompería el Eje México-Brasil. Y aislado el país azteca, que tan cruel ha sido con nosotros, su posición podría ser modificada al cambiar de presidente, cosa que está a pocos meses.

Carlos Márquez-Sterling

La Organización de Estados Americanos, después de algunas dilaciones se reunió por fin en Washington para tratar el caso de la intervención del régimen de Castro en sus asuntos internos. Esta Conferencia de Cancilleres provocó que Márquez-Sterling y muchos de los líderes cubanos del exilio asistieran a observar la reunión y abogar en pro de una condena y sanciones al régimen de Castro. De esta visita fue donde surgió su idea del gobierno en el exilio.

21.
Julio 25 de 1964.

En la OEA, vi a [Carlos] Prío, [Emilio] Núñez, [Guillermo] Belt, [Luis] Conte, [Herminio] Portell [Vilá] y otros, entre ellos a Pepín Rivero. No se pudo ni hacer un retrato de todos los cubanos, para guardarlo, por lo menos, de recuerdo. Alguien se opuso y naufragó el asunto. Nos van perdiendo el respeto. Al fin se acordó una declaración, pero al negarse a firmarla todos, yo me fui de la OEA... Lo nuestro está mal. No nos quitamos a Castro de encima por ahora sino es de allá dentro.

Carlos Márquez-Sterling

22.
Agosto 17 de 1964.

Allí... [en la Conferencia]... se maravilla[ban]... de que ya los cubanos no hayan construido algo sólido, un organismo central dirigente...

Carlos Márquez-Sterling

23.

Agosto 1 de 1964.

Mi viaje a Washington, en el orden de las relaciones y de los contactos fue muy provechoso. Conocí a muchos cancilleres y traté a Leitao da Cunha, el cual celebró varias entrevistas con muchos cubanos y sentó a su mesa a [Carlos] Prío, [Manuel] Ray y Pepín Rivero. De este coctel no salió nada por el momento.

Conocí a [Eudocio] Ravines y almorzamos juntos. Me dijo que Castello Branco le había dicho que él quería hacer mucho por Cuba, pero que no sabía con quien entenderse, pues los cubanos estaban muy divididos. Me dijo también tener una encomienda de Castello para tratar con los cubanos la posibilidad de la unidad, o al menos, la posibilidad de unir a muchos grupos. También en este aspecto me lo trató Leitao y me pidió que le dijera con que cubano amigo mío podía conectarse en Río. Precisamente allí está ahora mi cuñado [Alberto Hernández Catá], y le dí su nombre, por lo que espero tener noticias pronto. Se habla de una reunión en Río de personajes cubanos. Veremos... Hablé con [Thomas] Mann, en la Sala de las Américas de la UP, y lo encontré optimista. Me dijo más o menos lo mismo que a Emilito [Núñez]: que los Estados Unidos acabarían con Castro.

Carlos Márquez-Sterling

24. Mayo 8 de 1965.

La posibilidad del gobierno en el exilio surge de una carta-documento que a nombre del Comité por la Libertad de Cuba, (11 agrupaciones) suscribimos Carlos Duquesne y yo al canciller Leitao da Cunha, y que mi cuñado, el Dr. Alberto Hernández Catá (gerente de Life y Time) que vive en Río de Janeiro y es amigo de la juventud del Canciller, le entregó pidiéndole que estudiara la propuesta de «un posible reconocimiento de un gobierno cubano en el exilio por parte del Brasil». A Leitao le gustó la fórmula. El argumento suscrito por nosotros de que sacara el combate contra el comunismo del Brasil y lo proyectara fuera, categoría que al «golpe militar» (no es otra cosa) le daría de revolución liberal en pro del Continente gustó muchísimo, no solamente al presidente Castello sino al escritor Ravines que con nosotros había examinado este asunto en Washington.

Carlos Márquez-Sterling

25.
Septiembre 21 de 1964.

La legitimidad de ese gobierno descansaría en razones muy sólidas, y en el articulado de la carta de la OEA. Esta reconoce que el Estado, o un tipo determinado de Estado, puede existir aún sin tener territorio donde asentarse. Si esta declaración, realmente importantísima se compaginara con el hecho de que el régimen de Castro ha sido expulsado de la comunidad americana; es decir que no tiene existencia moral sino únicamente física, pero no admitida, por ser comunista, y estar en contradicción con la realidad y los ideales de este continente, que es el único que hasta ahora se ha asociado para impedir el comunismo...

Nuestra liberación está primero... en la batalla diplomática. Esta se puede ganar si nos proponemos ganarla. Reconocidos por la OEA, Rusia podría a tenor de los estatutos de la ONU, pedir el conocimiento de estos acuerdos... si lo hiciera los Estados Unidos, en el Consejo de Seguridad ejercerían el veto y allí terminaría una batalla que el Imperio Soviético en esas circunstancias se guardaría de provocar.

Carlos Márquez-Sterling

26. Mayo 8 de 1965.

Leitao se trasladó a Nueva York con motivo de tener que asistir a la conferencia de cancilleres que en Washington se estaba celebrando para crear las bases de la admisión de nuevos estados... como Jamaica y Trinidad -Tobago... Su estancia aquí fue aprovechada por mí para ratificarle el asunto y para que lo examinara con otros cubanos, ya que solo no podía administrarlo, ni era lógico que lo hiciere, en las circunstancias que vivimos. De este modo Leitao recibió a Martínez Márquez (muy afortunado en su exposición) a Tony Varona asequible a la fórmula, y Carlos Duquesne, que ratificaba la posición que conmigo había iniciado. Prío, advertido de todos estos trabajos, debía verlo en Washington...

En nuestras conversaciones con Leitao, éste no aceptó la fórmula [Gobierno Cubano en el Exilio] como definitiva. Aplazó el asunto para cuando se trasladara a Washington, y se le hizo saber que el gobernador [de un estado del Brasil] Carlos Lacerda que le había precedido en Nueva York y Washington, había sido informado por los rectores del SD, que veían la fórmula «gobierno cubano» con gusto. Lacerda usó esta frase: «Me han dicho que ellos no serán los primeros, pero no serán tampoco los últimos». Cuando Mtz Márquez refirió a Leitao esta aseveración de Lacerda, el Canciller sonrió y dijo: «Está bien, pero eso mismo deben decírnoslo a nosotros, que somos los responsables de la política exterior del Brazil».

A su regreso de Washington a Nueva York, Leitao da Cunha, me invitó a comer... Lo encontré esperanzado. Según él había margen para trabajar el problema. Había consultado con altos funcionarios y había obtenido una buena impresión. No era una cosa resuelta, pero entrañaba una posibilidad si se trabajaba bien. En un momento me dijo que le había dicho a Martínez Márquez: «Si a Río fueran nueve cubanos sería mejor. Si fueran siete, mejor, y si no fueran más que cinco, admirable». La noche discurrió optimista. Virginia [su esposa] mandó a abrir unas botellas de champagne y brindó por Cuba. Abrazó a Uva [Hernández-Catá, esposa de Márquez-Sterling] y exclamó: «Este año ustedes serán libres». Los abrazamos en el lobby... y nos fuimos convencidos de que se había avanzado algo.

En el interregno de estas gestiones, entre el viaje de Leitao, su visita a Nueva York, el Dr. Julio Amoedo... [diplomático argentino] me habló en un acto de los periodistas [cubanos] y lo invité a mi casa. Asistieron él, Tony [Varona], Mtz Márquez, Duquesne y Prío. Se acordó gestionar el asunto dentro de la mayor discreción, y que nos constituyéramos en comisión gestora, esos cinco señores.

27.
Agosto 15 de 1964.

Según me dijo, [Leitao da Cunha], Rusk el SD cree que hacen falta varias conferencias más. ¿Es posible? Después un canciller me explicó que el gobierno aquí espera para fines de año [que] ya todos los gobiernos americanos habrán roto con Castro. Y que eso facilitará el reconocimiento de un Gobierno en el Exilio. Yo creo que México, cuando se vaya López Mateos, romperá con Castro. La muerte de Isidro Fabela que era un viejo influyentísimo diplomático mexicano del maderismo eran quien tenía sostenido a Castro. Ahora con su desaparición esa línea de resistencia se debilita.

Carlos Márquez-Sterling

28.
Agosto 17 de 1964.
...Uno de los cancilleres... hombre de años ya, fue muy amigo de mi padre, y lo recuerda con afecto. Me dijo que al fin todos los países de la OEA romperían con Cuba. Y que entonces se convocaría a una nueva conferencia para reconocer un gobierno en el exilio... Este señor entiende que México romperá una vez que salga [López] Mateos de la presidencia... Y que para entonces ya habrán roto –me dijo– Chile, Bolivia y el Uruguay... Bueno estamos en el camino.
Carlos Márquez-Sterling

29.
Agosto 26, 1964.
Se me informa que en Diciembre Uruguay y México romperán con Cuba y que entonces se tratará de reconocer un gobierno en el exilio. El Brazil está dispuesto a escuchar formulas [cubanas]. Yo he pensado que debía reunirse a todos los que por la Constitución de 1940 tenían derecho a ocupar la presidencia, en supuestas soluciones individuales o múltiples, y convocar a esas personas para que de su seno elijan a uno de esos posibles presidentes provisionales... La fórmula no es excluyente sino preclusive.
Carlos Márquez-Sterling

30.
Septiembre 14 de 1964.
Después que México rompa se abrirá el camino para el reconocimiento de un gobierno cubano en el exilio... Hay cuatro tesis, dando vuelta... 1) El magistrado más antiguo; 2) el presidente destituido el 10 de marzo [1952]. 3) el presidente de la Constitución del 40, en atención que le fueron robadas las elecciones [1958], y no era batistiano ni fidelista, y puede ofrecer más garantías, a todos...
Carlos Márquez-Sterling

31.
Septiembre 22 de 1964.
Estamos trabajando en los sectores diplomáticos. Ya hemos presentado una nota en el SD, oficialmente, sobre la posibilidad de

constituir un gobierno en el exilio, en la oportunidad, en que el gobierno de México cambie... Déjame explicarte que nuestra conversación, que yo estimo provechosa, con Carlos Prío, en Puerto Rico, no versó sobre «su dirección» sino exclusivamente sobre las tesis que al calor de la Constitución de 1940, podrían esgrimirse, y que yo estimaba... que la suya era una de ellas. No se me oculta que retroceder hasta marzo del 52 es sumamente difícil. Máxime si se tiene en cuenta que el gobierno de facto, que se inicia a partir de ese día fue reconocido por todas las naciones, incluyendo Estados Unidos... Pero así mismo le hice saber que en mi persona tenía un aliado si su «tesis» resultaba ser la solución... Lo prefiero a la «Revolución Traicionada», que se gesta, como segundo «round», con Urrutia de personero.

Carlos Márquez-Sterling

32.
Septiembre 26. 1964.

Tengo el deber de informarle que el Comité de la Libertad ha hecho suya la formula de la unidad, al amparo de un gobierno amigo... [que] debe ser el Brazil. En una carta confidencial, fundamentada al amparo de la carta de la OEA, y de los tratados de Río, Bogotá y Caracas, que le será entregada en breve al Canciller del Brasil... planteamos el asunto a saber: 1) Provocar una reunión de diez o doce cubanos, a lo sumo, con Castello Branco; 2) Estudiar la fórmula del reconocimiento de un gobierno en el exilio, de aquellos cubanos que tengan causa en la Constitución de 1940, en cuyo nombre se hizo la revolución de la Sierra Maestra; y 3) Llevarla a efecto, una vez que se haya logrado que el gobierno de México rompa relaciones con el Castro-Comunismo.

La «legitimidad» de ese gobierno cubano en el exilio descansaría en razones muy sólidas y en el propio articulado de los estatutos de la OEA... [que] reconoce la existencia del Estado aun en su proceso de gestación, cuando ya históricamente se ha plasmado, Si este reconocimiento... se compaginara con el hecho de que el sangriento régimen de Castro ha sido expulsado de la comunidad americana, es decir que no tiene existencia moral, no será difícil elaborar la doctrina... por lo tanto el reconocimiento... sería relativamente fácil llevarlo a cabo una vez que veinte países inter-americanos hayan cortado sus relaciones con Castro...

Carlos Márquez-Sterling

33.
Septiembre 30 de 1964

El primer acuerdo del Comité de la Libertad, después de la Conferencia de Cancilleres, fue notificar al SD, que de acuerdo con esas resoluciones dedicaríamos nuestra actividad principal a obtener de la OEA, en conjunto, o de los gobiernos en particular, el reconocimiento de un gobierno en el exilio, Después, de acuerdo con entrevistas que sostuvimos, en Washington, con embajadores y ministros estamos prepararando una notificación multilateral, a los cancilleres con la misma finalidad. Nos está ayudando, hasta aquí, Eudocio Ravines... [Esto] sería la forma más adecuada de ponerle fin a la anarquía de los grupos en el exilio. Sobre todo esto sostuvimos con Carlos Prío una entrevista en Puerto Rico, y acordamos trabajar de acuerdo.

El obstáculo para que la actividad tenga éxito es México... El problema luce difícil, porque México ha avanzado mucho en su apoyo... Pero no por ello dejamos de martillar en el caso...

Ya que eres amigo de Alemán [ex-presidente de México] consulta con éste la viabilidad de mí viaje a ésa. Yo iría, en el caso de ser recibido por Díaz Ordaz para plantearle mi tesis legal del reconocimiento del gobierno cubano en el exilio... vista con grandes simpatías por muchos otros gobiernos... pero [que] siempre hacen la salvedad: «Cuando rompa México...» El inicio de la caída de Castro está en la batalla diplomática...

Carlos Márquez-Sterling

34.
Octubre 2 de 1964.

Conozco, de primera mano, la situación de México... Los dueños de ingenios mexicanos y los bufetes... apoyados por López Mateos, ejercen presión sobre Díaz Ordaz para que este deje en Relaciones a Gorostiza, de manera de asegurar la política sobre Cuba... Díaz Ordaz no se ha comprometido hasta ahora, y según dicen los bien informados, él desea cambiar esa política, y promueve para el Ministerio de

Relaciones a Carrillo Flores, actual embajador en Washington... Esto sería magnífico... porque... conocemos a Carrillo. También está a favor del cambio, el ex presidente Alemán... Mis amigos... tratarán si viene el cambio de que Díaz Ordaz me reciba personalmente. Si logramos que México rompa con Castro estaría asegurada la fórmula brasileña, y la reunión sería sensacional...

Carlos Márquez-Sterling

A fines de formar el frente más nutrido de cubanos el Comité de Liberación decidió cursar cartas a Manuel Urrutia y Juanita Castro. Por éstas se les invitaba a que se unieran a las gestiones que se realizaban con el gobierno del Brasil.

35.
Sin fecha ni nombre.
Solamente marcada como «2».

Ya están poniéndose en limpio las cartas a Juanita [Castro] y a [Manuel] Urrutia. La de éste es... muy elevada. No sé por donde saldrá, salvo que se tire por la calle del medio, y vuelva a insultar... Planeamos darle gran publicidad.

Carlos Márquez-Sterling

36.
Octubre 26 de 1964.

Mi tesis de la reunión de Río de Janeiro ha triunfado. Y si la cancillería americana no la para, Castello Branco citará a una reunión de cubanos, para buscar primero la unidad, y después, un gobierno en el exilio... Ese gobierno lo reconocerán en Centro América. Estados Unidos quedará detrás. Pero ayudando. Será la primera vez que nos darán acceso a una cosa tan importante como esa. Y ya dentro nos defenderemos como Tigres... La comunicación original al gobierno del Brasil... Y la que Duquesne dejó en el SD en Washington habla de una solución «CONSTITUCIONAL», para que los gobiernos al reconocer al cubano lo hagan atenidos a la Constitución...

Carlos Márquez-Sterling

37.
Noviembre 19 de 1964.

Debes haber leído las cartas que le dirigí a [Manuel] Urrutia y a Juanita [Castro]. Yo no creo... que las entiendan y las asimilen. Pero responden a una línea de conducta y obedecen al deseo de presentarnos en la reunión de Río, con gran autoridad. Esta reunión va avanzando

Aquí en casa celebramos una conferencia que se me antoja importante, Prío, Varona y yo. Hemos convenido en actuar de común acuerdo. El próximo 7 de diciembre se dará un acto unitario en Washington. Se ha acordado que haya un solo discurso: el mío. Dicen que va a ser importante...

          Carlos Márquez-Sterling

38.
Noviembre 22 de 1964.

El plan del Brasil está caminando... Y parece que hemos dado en el blanco. [Carlos] Lacerda, que está aquí y al que vimos en compañía de Mtz Márquez y Toni Varona, nos dijo, después de hablar con [Thomas] Mann, que éste era defensor de la tesis. Si la intransigencia «criolla» y las juventudes pugnaces que nos gastamos no lo estropean, el plan puede ser de éxito para marzo. Yo quiero llenarme de autoridad para cuando se celebre la reunión de Río. De ahí que les haya escrito a Urrutia y a Juanita.

En cuanto a México... Se dice que en la entrevista con [Lyndon B.] Johnson quedó resuelto la cuota azucarera a México en la ley próxima. Para entonces los «compadritos» no tendrán reparos en tirar a Castro por la borda.

          Carlos Márquez-Sterling

39.
Noviembre 23 de 1964

Recibí oportunamente su carta con las copias de las cartas a Urrutia y Juanita. El magistrado me contestó una carta estreñida y nada generosa, diciéndome que había dado cuenta a la Alianza que él preside, para que ésta resolviera mi «proposición». Realmente yo no le había propuesto nada... En cuanto a Juanita no me ha contestado, a pesar de que habla de unidad a todas horas. Pero no la practica.

Carlos Márquez-Sterling

40.
Noviembre 28 de 1964.

El problema de Cuba no está congelado. Estados Unidos, por medio de sus gobernantes (President, Secretary of State, etc) han declarado mil veces que no resolverán el problema cubano por la violencia, sino a través de los organismos internacionales, y mediante el bloqueo económico, etc.

No creo que este país tenga más plan por el momento. Creo que si llega el momento y se ve respaldado por la OEA, en pleno (incluyendo a México) actúe. Hay antecedentes de que una acción de guerra como la llevada a cabo en Guatemala, cuando Arbenz, tenga el apoyo de la OEA, y no pueda ser llevada a la ONU, según lo refiere Robert Murphy en su interesantísimo libro: «Diplomats Among Warriors». Entonces Rusia quiso llevar el caso a la ONU y lo perdió.

Mi impresión personal es que todo este impasse se salvaría con la Constitución de un Gobierno en el Exilio, aspecto que los americanos, aunque han declarado otra cosa, verían con gusto si la acción fuera respaldada por algunas de las repúblicas gigantes del Sur. En estos momentos un grupo de cubanos, encabezados por personas muy distinguidas, estamos tratando esa posibilidad, y según hemos sabido el State Department ha puesto luz verde. Pero la plétora de aspirantes. Los mismos irresponsables de siempre. Los que no escarmientan y anteponen... sus mezquinas aspiraciones están haciendo daño, demorando la solución temerosos de que no les beneficie ese gobierno... Nuestra tesis es válida. Seis años de ensayos nos dan la razón. La tuvimos en Cuba. Y la tenemos en el destierro. No es vanidad ni orgullo. Son hechos. Las guerras no se realizan con una retaguardia dividida en pedazos. Nadie se mata por un aspirante a gobierno. Pero hay cientos de miles que pondrían su vida en la balanza del sacrificio si fuera para salvar a Cuba...

Carlos Márquez-Sterling

41.
Diciembre 8 de 1964.

El gobernador [Carlos] Lacerda nos informó que su entrevista con Rusk y Mann había sido muy buena. Que estos señores le habían expresado un criterio favorable al gobierno en el exilio, pero con la salvedad de que ellos no lo promovían sino que lo aceptaban y que veían con gusto esa gestión.

Esta noticia nos la confirmó el Canciller Leitao con quien hemos sostenido dos entrevistas importantes aquí en Nueva York. Él es un decidido partidario de la idea. Pero le teme al desorden y anarquía que muestran los cubanos, que ya no saben ni lo que quieren. No obstante ofreció, y así lo ratificó a Carlos Prío, después, ... que trabajaría por la causa, pero que quería llevar algo hecho, a la reunión que en Washington debía tener con el presidente Johnson, en la oportunidad de su concurrencia a la Conferencia de Cancilleres, el día 16. Nos invitó ir a Washington para celebrar entrevistas con Cancilleres. Yo creo que esto aunque no está logrado, está encaminado, y del talento, prudencia y cautela de nosotros depende que se impulse, si algún «arrebatado», con la imagen de una guerra imposible, no lo perjudica con indiscreciones y locuras. Por todo ello hemos quedado citados en Washington para el 16... con Prío, para movernos juntos...

Carlos Márquez-Sterling

42.
Diciembre 12 de 1964.

Con respecto al gobierno en el exilio debo decirte que hemos celebrado importantes entrevistas con Leitao da Cunha y Zavala Ortiz. El primero parece decidido. El segundo, después de haber autorizado a Amoedo a declarar en Miami que Argentina reconocería un gobierno, está dando marcha atrás, y en estos momentos no se puede contar mucho con él. Leitao almorzó con Zavala, después de conversar conmigo, Prío, Martínez Márquez y Tony Varona, y nos informó del «encangrejamiento» del argentino. Anoche se verificó aquí en mi departamento una reunión importante y se trazaron rutas para actuar en Washington con motivo de la reunión de cancilleres... Sevilla ha ofrecido reunir en su casa a los cancilleres para que un grupo de nosotros informe sobre la posibilidad del gobierno en el exilio. Se ha redactado un informe (entre Duquesne, Mtz Márquez y yo) y se me ha comisionado para que sea yo autor principal de esta gestión, el que informe ante los cancilleres.

Por cierto que anoche Prío estuvo muy explícito aquí. Él cuenta con simpatías en el Brasil, pero también tienen esas mismas simpatías [Manuel] Ray y [Felipe] Pazos. Mi nombre se ha mencionado muy de pasada, pero Prío dijo que él no era obstáculo a nada si se podía llegar al gobierno, y que desde luego tenía que declarar que «si en alguien se podía confiar en su palabra era en mi persona por mi seriedad, actuación y ausencia de ambiciones», y que no podía decir lo mismo de los demás. Se acordó, si en definitiva, el Brasil convoca a la reunión de los cubanos que deben juntarse para resolver este problema no llevar un plan único sino varias soluciones... El ex-fidelismo ha recibido un refuerzo con el nombramiento de [Richard] Goodwin como consejero de Johnson y esto se ve balanceado por Mann que según dicen... no traga a los ex-[fidelistas]... A propósito ayer renunció [Felipe] Pazos, en la Alianza... [Organización de Urrutia] Hay versiones. Unos aseguran que se prepara a «aspirar»... No veo a Pazos como solución, en ningún caso.

Resumen... a) El Brasil ayuda pero no precisa todavía; b) la Argentina luce rajada, aunque se asegura que los militares impondrán la solución y favorecen el gobierno en el exilio; c) Los centroamericanos aceptan, pero se muestran temerosos, sobre todo Nicaragua y Guatemala del procedimiento de renonocer un gobierno en el exilio, porque temen que las oposiciones a sus regímenes constituyan también gobiernos. Se les ha argumentado que el caso de Castro es absolutamente [diferente] porque no pertenece a la OEA, pero no se muestran muy decididos y dicen que los americanos luego les dejan en la estacada; y por último, los yanquis han hecho saber a Leitao que no se oponen, pero que tampoco hacen gestiones en pro. Finalmente, parece que ha habido muchas indiscreciones... en algunos sectores cubanos que han molestado a los que trabajan esta fórmula... En realidad en estos momentos, la fórmula luce con grandes dificultades. Ratifico... que si la solución es Carlos [Prío] la ayudo antes que las de procedencia fidelista...

Carlos Márquez-Sterling

43.

Diciembre 13 de 1964.

Ayer se apareció en Nueva York Aureliano [Sánchez Arango] y dio una conferencia de prensa contra el gobierno en el exilio!!!. Nos llamó mentirosos, falsarios, y malos patriotas, y aseguró que eso no tenía ambiente... Creo que el G en el E, está fracasado. Desde luego, los tiros de A no eran contra nosotros en particular sino contra... Prío. ¡Quién encauza este exilio...!

Carlos Márquez-Sterling

Márquez-Sterling, y los otros cubanos que estaban trabajando por la fórmula del «Gobierno en el Exilio» se trasladaron a Washington durante la conferencia de Cancilleres como había solicitado el diplomático brasileño. Se quería allí abogar por esta solución y dejar sentada la cita para la reunión en Río al respecto. Dejemos que sea el propio Márquez-Sterling el que nos relate los resultados de esta gestión:

44. Mayo 8 de 1965.

El viaje a Washington resultó un fracaso. No solamente gravitó sobre la conferencia unas declaraciones «imprudentes e insólitas» en Miami de que Brasil estaba dispuesto a reconocer el gobierno, sino la presencia de grupos pertenecientes a los ex-fidelistas que hicieron saber a la Conferencia, o algunos de sus personeros, que «no apoyaban la fórmula del gobierno en exilio». Leitao se mortificó con las declaraciones. Tuvo la inmensa gentileza de «no negar la posibilidad rotundamente», pero desde luego dijo que no habían decidido ese reconocimiento. Los demás Cancilleres, ante la actitud de los ex-fidelistas, se fueron por la tangente. Yo dejé Washington muy desalmidonado y vine para Nueva York. Allí quedaron Prío y Martínez Márquez. No lograron nada. Las versiones de ambos no coincidían, pues mientras Prío decía que existían posibilidades, Mtz Márquez aseguraba que el reconocimiento era un hecho.

Sin medir las consecuencias de tanta estulticia, Leitao comenzó a recibir cientos de listas de las personas que debían invitar a Río. No contentos con esto invadieron el SD con listas, cartas de toda laya, acusaciones contra éste y aquel: vetos, excomuniones, calumnias, ¡qué sé yo! La infamia que como medio de combate se ha apoderado de una canalla ascendida a la superficie por la resaca de tantas reacciones como las que ha producido la revolución castrista que alimenta en sus entrañas toda la podredumbre de un resentimiento invasor y lleno de odio en minorías aupadas por la ignorancia yanqui de lo que es nuestro país, de lo que son sus hombres, y de lo que ha sido su historia... necesariamente tenía que dañar la gestión y aunque no estoy muy seguro de que ésta haya sido la única causa pero si que ha influido en los que no simpatizan con la idea de que Estados Unidos decidan, finalmente, terminar con el castrismo...

45.
Diciembre 19 de 1964.

El tema [la unión de los cubanos en el exilio] es muy escabroso, y además muy triste. Se han perdido seis años y ahora una acción de cubanos solos frente a la ocupación rusa de nuestro territorio, sin ayuda del exterior, es casi imposible. Los cubanos, en lo político, han ofrecido un espectáculo deprimente... discutiendo asuntos que ya debían haberse olvidado. El fenómeno fidelista ha tenido un corolario inverosímil e inconcebible... De la equivocación se ha pretendido obtener un diploma de méritos. Del engaño se ha intentado sacar una medalla de premios. Del disparate se ha aspirado a obtener calificación de gobernantes. Los que nos entregaron por ambición, incapacidad, o estupidez, al fidelismo, no cuando éste se hallaba en La Sierra sino en cuanto se supo que era comunista, han creído que eso los capacita para aspirar a lo más alto, cuando habían fracasado en lo menor. Ministros de ingrata recordación aspiran a presidentes, presidentes de expedientes tenebrosos ambicionan a la segunda vuelta, capitancitos fracasados en una y otra aventura, desean el mando supremo. El Poder, o su imagen, se ha convertido de esta manera en un refugio para aquellos que no quieren regresar de ciudadanos sino de gobernantes para escudarse en el mando. Un mando, que al poco tiempo de ejercerlo sería tan cruel como el de Fidel, porque el que aspira al Poder para usarlo en su provecho tiene necesariamente que empezar a matar enseguida.

Lo que ha ocurrido [en Washington] es muy desalentador... por la irrupción de algunos grupos cubanos que fueron allí a COMBATIR LA TESIS DEL GOBIERNO EN EL EXILIO. Daba tristeza ver a

algunos de nuestros compatriotas trabajando en contra de esta solución que sería la salvación de Cuba porque nos permitiría, una vez reconocido ese gobierno, hacer la guerra...
Carlos Márquez-Sterling

46.
Diciembre 21 de 1964.
Los obstáculos al gobierno en el exilio vinieron de los cubanos mismos. Es doloroso... Pero es así. Aureliano [Sánchez Arango] el Alpha, el II Frente del Escambray, y el MRP, y el Directorio Estudiantil... notificaron a varios cancilleres que eran «enérgicamente opuestos a esa posibilidad».

Prío estuvo presente y... su actitud fue correcta. Respaldó la gestión del gobierno sin hablar de personas. Y admitió que los nombres los pusieran los cubanos, en la reunión posterior, si se efectuaba. Cuando el Canciller le preguntó como «andaba de juventudes» en su respaldo, mencionó a Menoyo. Pero este lo dejó mal. [Menoyo] notificó al Canciller, por carta, entregada a mano, que él era opuesto al Gobierno...
Carlos Márquez-Sterling

De más está decir que el desastre de las gestiones en Washington que eran preparatorias para la futura y planeada reunión en Río de Janeiro donde se iba a producir la unidad del exilio y a dejar constituido un Gobierno en el Exilio provocó un impasse y un aplazamiento de todas las gestiones hasta el nuevo año. Al respecto, y como ya la gestión se había hecho pública Márquez-Sterling, para ilustrar a la opinión pública del exilio y convencer a los cubanos de que apoyaran la fórmula del Gobierno en el Exilio, publicó en el Diario Las Américas varios enjundiosos artículos explicando como la Constitución de 1940 era el mejor banderín de aglutinamiento y cinco largos artículos donde abogaba por el apoyo al Gobierno en el Exilio.

El espectáculo de la anarquía en el exilio cubano sino fue fatal para la gestión del Gobierno en el Exilio su inevitable secuela fue provocar un enfriamiento casi total en la Cancillería del Brasil. Esto se puede apreciar en la carta # 47 que a continuación sigue:

47.
Febrero 6 de 1965.

No tengo buenas noticias del Brasil, a pesar de que los últimos cables dan una impresión optimista. Ayer me llamó desde Miami a su paso de Brasil al Ecuador, nuestro excelente amigo Carlos Duquesne y me hizo saber que había hablado con Vasco [Leitao] y que éste claramente le había dicho que no estaban en disposición de CONVOCAR ALLÍ UNA REUNIÓN [de cubanos] NI DE RECONOCER EL GOBIERNO; que si declaraba que lo estudiaría y daban esperanzas era porque las cosas podían cambiar, cosa que él deseaba.

Carlos Márquez-Sterling

Así mismo, la Cancillería Americana mediante un memorándum cursado al Senador Magnuson con fecha de febrero 18 de 1965 declaraba que los Estados Unidos, en las circunstancias presentes, no eran partidarios del Gobierno Cubano en el Exilio. Esta declaración era en realidad una respuesta al cabildeo que Márquez-Sterling había estado llevando a cabo entre senadores y representantes americanos. Las razones de la Cancillería Americana eran muy débiles pues se alegaba, entre otras cosas, que aquellos anticastristas que en Cuba estaban luchando contra el régimen, de reconocerse al gobierno en exilio, se sentirían preteridos e ignorados, y excluidos de formar parte en un futuro gobierno y que, por lo tanto, podían abandonar su oposición y cejar en sus esfuerzos. No cabían dudas que el espectáculo de la división de los cubanos había tenido un gran impacto en esta decisión. Además, extra oficialmente Márquez-Sterling sabía que la Cancillería Americana aun insistía que la oposición a Castro debía venir mayormente de aquellos elementos que Castro había purgado de su movimiento, o sea los mantenedores del «fidelismo sin Fidel».

Por su parte los opositores al Gobierno en el Exilio, como se ve en la carta a continuación seguían sus demoledores ataques.

48.
Febrero 10 de 1965

Los menoyistas la han emprendido con los defensores del Gobierno en el Exilio y ha atacado fuertemente a Prío y a mí. Al primero «porque tiene millones y no los da para hacer la guerra», y al segundo porque cité una frase de Martí sobre las «guerras personales», que ellos dándose por aludidos han supuesto que iba contra Menoyo. No

es así... Pero esos ataques no se fundan en eso, sino en el obstáculo que algunos ex-fidelistas han levantado siempre contra [la] causa unitaria que ellos creen que les perjudica. En Cuba combatieron las elecciones. Aquí combaten el Gobierno en el Exilio. Las elecciones no los conducían al poder, entonces. El Gobierno en el Exilio, tampoco. He aquí la razón de esos ataques.
Carlos Márquez-Sterling

En estas condiciones y como Leitao da Cunha le había dicho a Márquez-Sterling que si se contara con «la voluntad del destierro», por lo menos, se podría reconocer ese gobierno éste recomendó a sus co gestores la realización de un plebiscito en el exilio. El plebiscito llevado a cabo en todas las ciudades donde existían comunidades cubanas resultó ser un verdadero éxito. Unos ciento cincuenta mil exiliados votaron a favor del Gobierno en el Exilio. Sin embargo, a pesar de esto, el enfriamiento del Brasil y la evasión americana de la fórmula, que nunca había sido sincera en su apoyo a la misma, junto a la posición mejicana que se mantuvo opuesta a cualquier acción contra el régimen de Castro, eran una realidad contra la cual se estrellaban todos los esfuerzos cubanos en el exilio. Léase al respecto la carta que sigue:

49.
New York, Abril 9 de 1965.
Quiero adelantarte que el gobierno en el exilio parece demorarse debido a que los dos países comprometidos a reconocerlo se han «tangueado», por presiones ejercidas por «nuestros buenos amigos» [los americanos] que son partidarios de fomentar la guerra dentro de Cuba. A mí me parece que esto es pura demora... porque la sublevación interna en Cuba, mientras la Isla esté prácticamente ocupada por los rusos es casi imposible...
Carlos Márquez-Sterling

Es en estos momentos cuando se produce la gran grieta dentro de la organización de los gestores del Gobierno en el Exilio: Prío declarándose partidario de unas elecciones para elegir a los miembros del futuro Gobierno en el Exilio y después pedir a la cancillería brasileña el buscado reconocimiento y; Márquez-Sterling opuesto a estas elecciones por considerarlas que, sin tener de antemano la promesa del Brasil de un reconocimiento, las mismas eran extemporáneas, vacías, y abiertas a las críticas de que los candidatos electos, que habían sido seleccionados de dedo, se pretendían erigir en rectores del exilio por la puerta de atrás. Es importante apuntar aquí que esta divergencia no la provocaron protagonismos ni oportunismos políticos personales de los dos sino a una sincera pero diferente manera de crear el procedimiento adecuado para lograr la fórmula que conquistara el reconocimiento que se buscaba.

Dejemos que Márquez-Sterling explique sus razones.

50.

Mayo 8 de 1965

Sin que yo sepa por qué, Carlos Prío, a quien he ayudado lealmente, se fue a Miami... y dejó cesante al Comité de Nueva York. El que [me] hubiera incluido a mí en el comité Gestor de Miami, podría ser para mí motivo de satisfacción personal, pero en ninguna forma aceptable ya que sin explicaciones ningunas dejaba fuera a Martínez Márquez, que estaba de viaje a Argentina y a Brasil, en gestiones del gobierno en el exilio, y dejaba fuera a Tony [Varona] y a [Carlos Manuel] Duquesne sin razón alguna...

Mucho tiempo antes de que [en Miami] se lanzaran a las elecciones «impremeditadas», o inocuas... yo le había escrito una carta a Valentín Sánchez [consuegro de Márquez-Sterling y amigo de Prío] diciéndole que la mostrara a Prío, [y] en la cual le hacía saber que yo dudaba mucho del buen efecto de esas elecciones y que en esa situación «no me sentía inclinado a figurar como candidato...» Prío... me llamó por teléfono, pero no pudo convencerme. En esos días se había entrevistado con Leitao en Houston. Me dijo que el Brasil se «había rajado». Lo cual robustecía mi punto de vista. Pero en fin, tanto me pidió que yo aceptara ser candidato que aun cuando le dije siempre que no le prometí consultarlo aquí y hablar con Tony y Duquesne que acababa de llegar de Argentina y del Brasil y que traía noticias fresquecitas de ambos países. La consulta fue negativa, absolutamente negativa...

Mi gestión tenía el aval de estar en comunicación con diplomáticos del Brasil, Honduras, Perú, Argentina, Ecuador (Duquesne había hablado con el Jefe de la Junta) y con otros países, para los que una elección [de los exiliados] sin la previa seguridad del «reconocimiento» sólo suponía un acto unilateral, ineficiente, a la finalidad que se perseguía...

El plebiscito [anterior] fue un éxito... porque no designaba a nadie en particular,... porque todos los interesados esperaban que en Río podrían ser escogidos. Si se hubiera realizado a base de candidatos habría sido un desastre... Ese plebiscito [conllevaba] esta base: «Hay mayoría. Luego el gobierno se puede reconocer». Y este resultado, o consecuencia: «Una declaración diciendo el Brasil que estaba dispuesto a reconocer un gobierno de cubanos, una vez que éstos eligieran o designaran los representativos». Nunca una elección, sin que antes mediara la declaración del Brasil porque lo que se iba a reconocer no existía y podían hacer los electos el papelazo más grande de la vida... No. [Una elección sin previo compromiso del Brasil] me preocupa[ba] [ya que] una abstención da[ba] a la elección una característica que servía a los que combatían la solución de Cuba para decir que allí no estaba representada la voluntad mayoritaria del Exilio... Primero debían reconocer el gobierno. Después las elecciones.

Yo pienso seguir trabajando, mientras tanto, por mi cuenta... Yo no me voy, no... sigo terco y porfiado trabajando por una fórmula que no será nunca la que se elabore en la publicidad, la pugna, el debate, el goleteo, el quítate tú para ponerme yo...

Carlos Márquez-Sterling

51.
Abril 17, 1965
La situación, por lo tanto, ha entrado en crisis, desde el momento en que se abandonó la gestión por el gobierno para formar una «Integración para la Liberación...» [nueva organización en Miami de Prío] Le he argumentado a Prío que todo esto es un error...

Carlos Márquez-Sterling

52.
Mayo 2 de 1965
No comprendo la posición de Prío, ni la de los que le han seguido o lo han influenciado. El momento era el más inapropiado para introducir este debate y para discrepar sobre algo que no tenía la menor

posibilidad... Aquí publica hoy el *Diario La Prensa* que Prío desiste de las elecciones y que da por cancelado el gobierno en el exilio...
Carlos Márquez-Sterling

53.
Abril 19 de 1965

Como sabrás, lo del Gobierno en el Exilio no quedó en nada. El departamento de Estado le abrió fuego a la idea y el Brasil se rajó... Ha surgido aquí la idea de hacer un viaje a Río, con el propósito de hacerle un planteamiento a la Conferencia de Cancilleres que ha de reunirse allí el 20 de Mayo. Hay una realidad, en todo esto, y es que expulsado Castro de la Comunidad Americana, el puesto de Cuba está vacante y tal situación hay que resolverla de alguna manera. Lo del Gobierno era una excelente idea que hubiera podido caminar si los americanos no se hubieran adelantado a combatirla, razón por la cual Brasil se detuvo... ¿Ahora qué hacemos?
Carlos Márquez-Sterling

La gestión de 1964 a 1965 por el reconocimiento de un Gobierno en el Exilio no fue la última en que Carlos Márquez-Sterling, hasta el final de su vida, se involucrara en su lucha por producir la unidad entre los cubanos como una vía para trabajar por el derrocamiento del régimen comunista en Cuba. Hubo muchas otras.

Hoy, cuarenta años más tarde, la situación del exilio cubano sigue igual o peor... Es por eso que para aquellos que aspiran a un renacer de la libertad en Cuba, a un regreso con dignidad al lar que nos viera nacer, y a un nuevo florecer de la fraternidad entre los cubanos, su pregunta sigue igual:
¿Ahora qué hacemos?

A continuación se incluyen los nombres y las direcciones de las personas en las cartas de la sección del «Gobierno Cubano en el Exilio» comenzando con la número 19.
19. Mr. José Martínez Alegría. Los Angeles, California.
20. Dr. Juan J. Remos. Miami, Florida.
21. Dr. Humberto Quiñones, Miami, Florida.
22. Sr. Aurelio Dulzaides, Miami, Florida.

23. Sr. Humberto Quiñones, Miami, Florida.
24. Dr. Rafael Guas Inclán, Miami, Florida.
25. Dr. José Manuel Cortina, Miami, Florida.
26. Dr. Rafael Guas Inclán. Miami, Florida.
27. Dr. Antonio Martínez Fraga. Mandeville, Louisiana.
28. Dr. Bernardo Utset. Downey, Illinois.
29. Dr. Jorge García Montes. [Sin dirección].
30. Mi querido amigo.
31. Mi querido Yoyo. [Dr. Jorge García Montes].
32. Sr. Eudocio Ravines. Lima, Perú.
33. Mi querido Manolo. [Gral. Manuel Benítez].
34. Mi querido Yoyo. [Dr. Jorge García Montes].
35. Sin fecha ni nombre.
36. Dr. Humberto Quiñones. Miami, Florida
37. Mi querido Yoyo. [Dr. Jorge García Montes].
38. Sr. Eladio Ramírez. Miami, Florida.
39. Prof. Braulio de Gondomar. Chicago, Illinois.
40. Mr. Gustavo de Aragón. Cambridge, Massachusetts.
41. Dr. Enrique Huertas. Miami, Florida.
42. Mi querido Yoyo. [Dr. Jorge García Montes].
43. Mi querido Yoyo. [Dr. Jorge García Montes].
44. Dr. Rafael Guas Inclán. Miami, Florida.
45. Sr. José I. Rivero. Miami, Florida.
46. Mi querido Yoyo. [Dr. Jorge García Montes].
47. Sr. Valentín Sánchez. Miami, Florida.
48. Querido profesor.
49. Mi querido amigo.
50. Dr. Rafael Guas Inclán. Miami, Florida.
51. Dr. Roberto Melero Juvier. Puerto Rico.
52. Dr. Humberto Quiñones. Miami, Florida.
53. Mi querido Alberto. [Sr. Alberto Hernández Catá].

Amante de libros y estudios biográficos, Márquez-Sterling produjo las biografías premiadas de Ignacio Agramonte y Don Tomás Estrada Palma. La de José Martí, que enriqueció con varias ediciones en el exilio, está considerada como una de las mejores del Apóstol. Notables también son sus Historia de Cuba y de Estados Unidos. Al morir dejó inéditas una Historia de Puerto Rico y una extensa biografía de Winston Churchill.

VI

SEMBLANZAS E INSTANTÁNEAS

> *Es inconcebible que el New York Times que destacó la situación de Batista como una tiranía insoportable... oculte al mundo libre la sangrienta tiranía de Fidel Castro...*
> Carta de Márquez-Sterling [Nueva York], Marzo 1 de 1964 al Sr. Humberto Quiñones

Pasquín electoral publicado en los diarios durante 1958. Márquez-Sterling exhortaba a sus compatriotas a unirse a su campaña para salvar la democracia cubana. [Véase página 202.]

1) Introducción

Carlos Márquez-Sterling fue uno de los más notables historiadores cubanos del siglo XX. Entre los diferentes géneros de la disciplina de Herodoto, su gran pasión y especialización siempre la constituyó el estudio biográfico en el cual produjo tres obras maestras: Ignacio Agramonte, Don Tomás Estrada Palma, y José Martí, que aun permanecen en las cumbres de la historiografía cubana.

Y, ¿por qué la biografía? Dejemos que él nos lo explique con sus propias palabras en el prólogo a su colección de breves ensayos biográficos de figuras contemporáneas famosas intitulado, «Hombres», publicado en La Habana en 1937.

> «Si la Filosofía es, como dijo Aristóteles, la ciencia universal, el objeto más directamente conectado con ella por la multiplicidad de sus acciones es el hombre... El espíritu, fuerza que mueve lo que inicialmente es un impulso confuso de los sentidos, imperceptiblemente destacado desde la infancia, acaba por dominar, a través de naturales inclinaciones, todas nuestras facultades, absorbiendo, con los años, en el desarrollo del propio ser, la voluntad de nuestro yo. Y de este modo se producen los hombres de un sentido determinado».

No en balde a través de toda su correspondencia privada se encuentran muchas observaciones de hombres, sucesos y situaciones que si bien hechas a vuelo de pluma para contestar urgentemente una carta calan, en lo observado, como el afilado bisturí del cirujano. El estudio de tantas vidas famosas y su técnica biográfica le prepararon para descorrer velos y penetrar los tamices de las más complejas personalidades. A continuación se ofrece una colección de cartas que contienen algunas de sus observaciones que hoy salen por primera vez a la luz.

2
Las Cartas

Debido a la extensión, brevedad, o la profundidad de sus observaciones hemos dividido a éstas, si bien con cierta arbitrariedad, en «Semblanzas» e «Instantáneas»

SEMBLANZAS

La primera Semblanza en esta colección no podía ser otra que la de Fidel Castro en las cartas #s 1 y 2. La número 1 la provocó una petición del editor de un periódico en Massachusetts. Junto con los detalles y la psicología del personaje hemos dejado ciertos detalles históricos de su vida que ayudan a esclarecer mucho de lo ocurrido en Cuba de 1952 a 1959. Al respecto hay que destacar el detalle psicológico del odio de Castro por la sociedad habanera o burguesía cubana, y la razón de su anti americanismo. A nuestro entender, estas características de su personalidad que después otros estudiosos las desarrollaron en sus estudios son expresadas aquí por primera vez, en 1963, por Márquez-Sterling. Hay que apuntar que Márquez-Sterling siempre afirmó que en el seno de la revolución de Castro latía una reacción en contra de los fundadores de la República, y que sus máximos propulsores eran los jerarcas comunistas. Para ellos la erradicación de todo lo relacionado con la primera República era necesario pues esto conllevaba la desaparición de la presencia yanqui en nuestra historia. La carta número 2 se refiere a la tan cacareada honradez administrativa de Castro y la Revolución. Recientemente la revista de negocios «Fortune» reportó que la fortuna personal de Castro asciende a mil cuatrocientos millones de dólares.

1.

FIDEL CASTRO

[Nueva York] March 3, 1963
Mr. Everett S. Allen.
New Bedford, Mass.

Conocí a Castro, jovencito, en la finca de su padre (Ángel Castro) a donde [yo] como abogado había ido a realizar un juicio de deslinde. Después lo traté en la Universidad de la Habana, a partir de 1945. Aquí comenzó Castro a demostrar su anarquía y su incapacidad para someterse a reglamentos y estatutos... En la Universidad... tomó parte en varios crímenes... y asesinatos de Fernández Caral y de Manolo Castro, y más tarde en la Sierra fusiló a Evaristo Venereo, policía de la Universidad, que en sus años de estudiante había tenido un disgusto con él.

Castro fue un mal estudiante. Tenía pocos amigos. El Doctor Luis Conte Agüero, amigo y seguidor de Castro... hasta 1961... ha publicado un libro en México, titulado «Los Dos Rostros de Fidel», donde asegura que Castro, con un revolver en la cintura, aprobó cuarenta asignaturas en un año. Fidel siempre quiso ser líder, pero en la Universidad no le siguieron. Jamás fue elegido para ningún cargo de la Federación Estudiantil Universitaria... [Una vez] ... revolver en mano se robó la urna... se le tenía por un irresponsable... En marzo de 1948... publicó un documento intitulado: «Primeros Pasos del Movimiento Latino Americano Contra el Coloniaje Europeo en este Continente». Leyendo este documento se llega a la conclusión de que... actuaba ya como una pieza de ajedrez en el tablero de los Rusos. *Pero lo más asombroso de todo es que este documento fue publicado en marzo 17 de 1957, en la revista* Bohemia, *en la Habana, páginas 62 y 63*, y en él se anunciaba [lo] que ha realizado doce años más tarde todo lo allí anunciado en 1948. No se explica nadie que haya estudiado el proceso de la Revolución Cubana que existan quienes puedan llamarse a engaño conociendo, como conocían la mayoría de los políticos que estrangularon las elecciones... que éste no fuera, desde sus años tempranos un agente del comunismo. Así se publicó en 1948... en «El Nacional» de Caracas.

Fidel Castro creció en un medio amoral... pues su padre vivió amancebado con Lina Ruz, estando casado con su primera esposa... todos juntos en la misma finca en Birán, en Mayarí. Fidel, por lo tanto, es hijo... ilegítimo. Este hecho... creó en Castro un complejo que lo condujo a odiar la sociedad habanera...

El anti-americanismo de Fidel Castro le viene desde la cuna... [su padre peleó] en las tropas españolas contra las cubanas y norteamericanas... [así] creció oyendo a su padre hablar mal de los cubanos y de los americanos y esas críticas constantes formaron conciencia en su espíritu y lo llevaron a odiar a los norteamericanos y a cuantos habían cooperado a la Independencia de Cuba. Durante su juventud en la Universidad se mostró... contrario a los «yanquis» y siempre se dijo, entre estudiantes y profesores, que era «un agente del partido comunista y que tenía tratos con el ruso Bashirov que residía en la Habana...» [Más tarde] siguiendo instrucciones de Bashirov... ingresó en el Partido del Pueblo Cubano, Ortodoxo, del cual era presidente Eduardo

R. Chibás... el Partido Ortodoxo, el más importante entre las juventudes cubanas, fue escogido para infiltrarlo.
Chibás jamás apreció a Castro y lo llamaba «el Ganstercito».

Fidel Castro nunca fue hombre de fiar. Desleal y cruel su definición mejor está en el fusilamiento del doctor Humberto Sorí-Marín. Este abogado... fue quien en la Sierra Maestra, en febrero de 1958, dictó dos leyes importantísimas: 1) la que creó los tribunales Revolucionarios Populares; y 2) la que dispuso la Reforma Agraria. La primera sirvió para que en la misma Sierra, antes del triunfo de Castro, se fusilara. En febrero de 1958 la Revista «Look» publicó una información donde se decía que Castro había fusilado, en la Sierra, a Carlos Ramírez por espía. En el libro de Jules Dubois, aparece que éste se alarmó porque «desde entonces estaban fusilando en la Sierra». Raúl Chibás, le dijo a Dubois que eso no tenía importancia; que eran espías de Batista los fusilados. [Raúl] Chibás formó parte de estos tribunales...

A mi juicio... Castro nunca fue feliz y entiendo que se trata de un loco paranoico... Era sucio y descuidado y se bañaba poco. De aquí que fuera conocido en la universidad, entre sus amigos, por «Bola de Churre...» Algunas personas que lo han tratado íntimamente dicen que... era muy «desconfiado» desde niño. Quizás sea así, pues ha fusilado a todos sus amigos y los ha condenado a treinta años... Ahora después de llegar al Poder sí es realmente uno de sus defectos la bebida... dicen que toma hasta desplomarse y que Celia Sánchez lo desviste y lo acuesta...

En el libro «Red Star Over Cuba» está perfectamente relatado el episodio de Bogotá [El «Bogotazo»]. Recientemente ha estado aquí en Nueva York, el doctor Eduardo Zuleta Ángel, que era Ministro de Relaciones Exteriores de Colombia, cuando Castro fue a Bogotá [1948]. Dice este ilustre colombiano, que él vio la copia del mensaje cablegráfico que Castro pasó a Cuba, al representante del Kremlin, diciendo: «Misión Cumplida».

Carlos Márquez-Sterling

2.   LA HONRADEZ DE FIDEL CASTRO

[Nueva York] Marzo 1 de 1964
Sin Dirección ni nombre. Sólo dice
«Querido Humberto». [Humberto Quiñones]

El Consejero de la Embajada de Cuba en Holanda, que acaba de renunciar, Hernández Paseiro, declaró privadamente en París, días antes de renunciar, que Fidel Castro tenía depositados en Bancos de Suiza cerca de mil millones de dólares y que últimamente había adquirido por trasmanos acciones de la Leyland Corporation, razón por la cual esta compañía le está vendiendo ómnibus y carros de transporte. Hernández Paseiro hizo constar que a su juicio, Fidel Castro, no solamente era el asesino más grande que había en América, sino el mayor ladrón del universo y que su capital, en dólares, era seguramente el más grande del mundo en estos momentos...

                                            Carlos Márquez-Sterling

La carta # 3 es una apretada semblanza de nuestro primer presidente, Don Tomás Estrada Palma [1902-1906]. En ésta Márquez-Sterling atribuye los errores de Estrada Palma a su ya avanzada edad, y a la «camarilla» que lo rodeaba aislándolo de las realidades políticas presentes. Léanse en el Capítulo III, cartas 14 y 15.

3.   DON TOMÁS ESTRADA PALMA

Nueva York, Diciembre 15, de 1965.
Sr. Alfredo E. Herrera
Miami Beach, Fla.

El primer gran error de Estrada Palma fue prestarse a la formación del Partido Moderado. Nadie le objetó que los partidos hechos desde las esferas del Gobierno son siempre impopulares, provocan sospechas difícilmente contrarrestables y acaban por resultar pedestales de la dictadura cuando no de la tiranía. Su segundo gran error, inconcebible –que no le ha permitido figurar en la galería de los diez más gloriosos patriotas de la Historia de Cuba– fue la reelección.

Don Tomás –abundo ahora– fue víctima de los años y de la camarilla que lo rodeaba. Su intención fue no reelegirse, y así se lo hizo presente a Manuel Márquez-Sterling, cuando éste dirigía el periódico «La Lucha», para que lo publicara... ¿Qué pasó después? Pues que convencieron al venerable anciano y éste le pidió a Márquez que retirara el trabajo donde anunciaba que no iría a buscar un nuevo mandato. Tenía aquel luchador de dos guerras heroicas, entonces, 74 años...

Carlos Márquez-Sterling

Las cartas #s 4 y 5 constituyen una hermosa semblanza de nuestro cuarto presidente, Alfredo Zayas y Alfonso, (1921-1925). Márquez-Sterling sentía una gran admiración por Zayas y esto le llevó a escribir su biografía en Cuba. Desafortunadamente para los amantes de la historia cubana, al salir para el exilio Márquez-Sterling dejó en Cuba esta obra casi completa pero tal parece que en definitiva se perdió. La semblanza en las cartas que siguen fueron escritas de memoria de las páginas de la obra perdida, y aparecen también en su libro «Historia de Cuba: De Colón a Castro», New York, 1963.

4.   ALFREDO ZAYAS Y ALFONSO.

New York, Abril 5 de 1963
Sr. Prof. A Díaz Bazas.
Tampa, Fla.

En mi libro de *Historia de Cuba*... están los personajes que más admiro... Sobresale entre ellos... con una buena dosis de mi admiración narrativa el doctor Alfredo Zayas... Zayas fue un gran presidente. Mesurado por hábito, de temperamento sajón, abierto siempre a la cordialidad y la tolerancia, reunió cualidades superiores y se condujo, en los dos problemas que heredó de la situación anterior, el «ingerencismo y el comunismo», señalado por Juan Gualberto Gómez en su carta de julio de 1920 al general Menocal, como un maestro de la ciencia política. Zayas se mostró estadista de cuerpo entero. Y su talento, prudencia, y valor, porque era más valiente que nadie, salvaron a Cuba. Colocado entre la aristocracia y el pueblo, Zayas se inclinó siempre a lo que Hipólito Taine llamaba el piso de abajo.

Estaba nutrido de sana cultura jurídica, conocía a fondo el corazón humano, sus escondrijos y veleidades. Poseía una gran prudencia, tenía además una paciencia creadora, y exhibía el valor de la resistencia, no de la acometida. Su psicología calaba en lo hondo y con su palabra orientaba a las multitudes. «Arrecia el temporal y la barquichuela cruje». «Sin odio para nadie y con caridad para todos».

Efectivamente, si hubiera sido honrado habría sido el ejemplo de América. Porque nadie lo superó en conductor de política creadora y talentosa. Estaba hecho para la paz. Y para hacer la paz cada vez que ésta fuera perturbada por los demagogos y agitadores de oficio.

Carlos Márquez-Sterling

5.
[Nueva York] Sep, 3, 1971
Sr. José C. Gros M. D.
Memphis Tenn.

Conocí al Dr. Zayas. Comencé mi carrera política, muy joven, combatiendo aquel gobierno. Después comprendí que no todo eran errores. Menos en la limpieza administrativa –defecto de todos los gobernantes, o de casi todos, en América, pues Cuba no es la excepción– el gobierno de Zayas fue excelente. Él tenía condiciones extraordinarias y una educación que le ayudaba grandemente a sortear situaciones difíciles. Recuerdo que cuando la asociación de estudiantes de mi época me designó para hablar en el Cacahual, un 7 de diciembre, Zayas como presidente debía hacer el resumen. Yo lo ataqué mucho en mis palabras. Y él no aludió para nada a los ataques, pero recogió aquellas alusiones en bellas metáforas, y lo dejó todo en su punto. Como era un hombre realmente excepcional, por la noche le dijo a mi tío Manolo Carrerás y Sterling, que yo hablaba muy bien, pero que era muy indiscreto. Y eso fue todo.

Carlos Márquez-Sterling

La carta # 6 es una punzante semblanza de Wifredo Fernández. A Wifredo Fernández se le atribuye el llamado «cooperativismo» del presidente Gerardo Machado. Esta doctrina o tesis de gobierno contemplaba la integración de todos los partidos políticos para cooperar con el gobierno de Machado. Alguien lo tildó de una especie de «fascismo tropical». Wifredo Fernández, brilló tanto en la política, en el Partido Conservador, como en el periodismo y se le tildaba de «El Maestro». Al caer Machado fue encarcelado en la Cabaña donde poco después, en 1934, se suicidó.

6.   WIFREDO FERNÁNDEZ.

Yo lo traté muy poco. Una vez lo visité en su casa de la Calzada de la Reina. Su trato me agradó Su elegancia y cortesía, reflejaban su manera de ser, la majestad de su prosa admirable, pues tenía un estilo que hoy me recuerdan tus trabajos impecables, en su forma, y de mucho fondo. Acabo de releer su admirable artículo «Dios te libre, poeta». Es una página antológica. Recordaba aquellas palabras de Barnave, sorprendido de la ferocidad con que las multitudes francesas ultrajaban a la Reina fugitiva, y se preguntaba: ¡Pero Dios mío! ¿Será posible que vivan en el alma de una nación tantos crímenes junto a tantas virtudes? Y, con visión de lejanía, agregaba, aquel maestro, que con frecuencia se escapaba de las maldades de la política para sumirse en la satisfacción de la cultura: ¡Qué Cuba más extraña ha surgido del fondo de la Revolución! Pero lo que más me emociona es su exclamación, en vísperas de quitarse la vida: «¡Días Nuevos! ¿Para quién? ¿Para mí? Quizás, no».

Carlos Márquez-Sterling

Rafael Guas Inclán fue un buen amigo de Márquez-Sterling. Se conocieron por los años veinte cuando militaban en el Partido Liberal y a pesar de que sus carreras políticas fueron más tarde divergentes siempre mantuvieron su amistad fraguada durante su juventud. En la carta 7 Márquez-Sterling hace una cariñosa semblanza no exenta de cierta nostalgia. Con respecto a lo que Márquez-Sterling cuenta de las postulaciones para presidente en 1944, es conveniente saber que la coalición de partidos gubernamentales había acordado que el partido que tuviera más afiliados postulaba el candidato. Los liberales quedaron en el número uno pero por presiones del presidente Batista y otros rejuegos electorales se postuló a Carlos Saladrigas que no era liberal. De aquí su frase en la carta: «Pero los liberales dejaron el camino grande por la calzada». En aquella reorganización Márquez-Sterling y Guas eran rivales.

Al perder la postulación presidencial muchos liberales abandonaron el partido en son de protesta y votaron entonces por Grau. Esto marcó el inicio del decline del Partido Liberal en Cuba.

7. RAFAEL GUAS INCLÁN

[Nueva York] Diciembre 10 de 1963
[Sr. Humberto Quiñones
Miami, Fla.]

En cuanto a Felo [Rafael Guas Inclán] anduvimos mucho juntos por las tribunas liberales. Machado [Gerardo], que simpatizaba mucho con él y con Ramón Zaydín, dijo una vez, a raíz de su toma de posesión de la presidencia, al asistir a un acto donde hablamos Felo, Ramón y yo, que uno de nosotros iba a ser presidente de Cuba. Felo debió haberlo sido en 1944, o yo. Pero los liberales dejaron el camino grande por la calzada, y en lugar de reclamar la candidatura respaldaron la superestructura y ya tu sabes lo que pasó. La figura de Felo tiene para mí muchos encantos. Su gran palabra, su elegancia extraordinaria, su capacidad inmensa para conquistar votos sin ofender a nadie (aquí hubiera sido un formidable –Vote-Getter–) y por último, la pérdida de su hijo, que no es un puñal que lleve hundido en su pecho sino una espada, puesto que es la espada el símbolo de guerra, y Carlitos murió por querer que Cuba saliera del dominio ruso, como su abuelo, quiso y logró que la Isla saliera del dominio español. Desde entonces tengo por Felo realmente una enorme simpatía. Soy padre y me veo en él y aunque no puede ser ni parecido, por ser padre comprendo su enorme dolor...

Carlos Márquez-Sterling

Márquez-Sterling fue uno de los colaboradores más leídos de la revista «Bohemia» en las décadas de los 40 y los 50. Sin embargo, sus relaciones con Miguel Ángel Quevedo, el director del semanario siempre fueron, aunque cordiales, tensas. Esto sin dudas se debía a que la sección «En Cuba» de la revista lo atacaban de una manera insidiosa, y que durante los difíciles años 50 se hizo eco de las calumnias que los peores elementos del Partido Ortodoxo lanzaban contra él. De aquí, quizás, el tono gélido de la siguiente carta #8 la cual se refiere a la última carta que Quevedo escribiera antes de suicidarse.

8. MIGUEL ÁNGEL QUEVEDO

[Nueva York], Septiembre 27 de 1969
[Humberto Quiñones]
Miami, Fla.

Leí la carta de [Miguelito] Quevedo. Me asalta la duda de que sea de él. Su estilo de escribir no es ese. Pero por otra parte, me parece muy fuerte que no sea él. Entre los papeles que me enviaron de Caracas, se hallaba la que Quevedo escribió a su hermana Rosita, y el tono, no el estilo, es el mismo. En la que tú me envías y leo hay un estilo suelto e impresionante que no corresponde a la forma pedestre en que generalmente se expresaba Miguelito. Ahora, no hay dudas de que su cerebro estaba lleno de esas ideas. Aunque él hace recaer la culpa sobre factores múltiples, entre ellos el propio pueblo cubano, en realidad su culpa es mayor que la de los demás, porque la misión del periodista es la que él reconoce, y no la que realizó. Imagínate, el pueblo, por su apreciación global, es siempre irresponsable. Si a esa irresponsabilidad tú le das pan y circo, sucede lo que sucedió en Cuba... De todos modos, la carta nos da toda la razón, no tan solo porque, en parte, se defiende la tesis electoralista, sino que hace pesar gran responsabilidad en los abstencionistas que más que malos fueron cobardes.

Carlos Márquez-Sterling

La semblanza que sigue es la de Alfredo Hornedo, uno de los poderosos jerarcas del Partido Liberal y hombre de extensa fortuna. Hornedo, como dice Márquez-Sterling en la carta número 34 del Capítulo III, en la reorganización de los partidos políticos de 1944, junto con Batista no sólo bloqueó su candidatura presidencial sino que le birló la de una senaduría. Márquez-Sterling, sin embargo, como pueden atestiguar los que lo conocieron a fondo, no era un hombre rencoroso, como se demuestra en la carta número 9 a continuación.

9. ALFREDO HORNEDO

[Sin dirección y nombre.]
Me ha dado muchísima pena la muerte de Alfredo Hornedo... [Hornedo] constituía una época... [que] se cerró con él para siempre... Tenía una enorme veta de generosidad y era tan grande y buen amigo de sus amigos, como era tan grande y mal enemigo de sus enemigos... Pero... sabía olvidar y perdonar. En eso mostrose siempre verdaderamente noble. Y formarían legiones aquellos amigos y conocidos que conocieron de sus arranques siempre matizados de posteriores grandezas que lo hacían un hombre excepcional, inteligente, avizor... y [de] aciertos indiscutibles, aprendidos en la Universidad de la vida... en que los llamados intelectuales (con sus excepciones...) no se han asomado jamás y desconocen por ello el mérito de la victoria, arrancada a golpes de compenetración con los demás que también buscan los mismos fines. Hace años, que Don Alfredo, a raíz de mi biografía de Don Tomás, en 1953, me pidió un poco vagamente que hiciera la suya. Entonces la petición me sorprendió. ¡Con cuanto gusto la haría hoy!
Carlos Márquez-Sterling

El fenómeno de la victoria revolucionaria de Castro en la Sierra fue imitado por muchos aspirantes a Castros en otros países. Como bien ha establecido Enrique Ros en su tomo «Castro y las Guerrillas en Latinoamérica» que impulsadas por y desde Cuba han producido en nuestro continente destrucción y miles de muertos. En la carta que sigue, la # 10, Márquez-Sterling, en referencia a los sucesos ocurridos en 1973 en la República Dominicana, nos explica la causa de estos imitadores de Castro y su movimiento.

10. IMITADORES DE FIDEL

Nueva York, Abril 2, 1973
Dr. Santiago Rey Perna.
Santo Domingo, R.D.
Fidel y su famosa «guerra de guerrillas», en La Sierra han causado muchas muertes, no solamente las que se ha tomado por sus manos que son miles, sino las de aquellos «guerrilleros», que se han creído de verdad, que encaramándose en una loma, con diez o doce acompa-

ñantes, se puede disponer de la suerte de un gobierno. Ni una sola ha triunfado, después de Castro. Los que se han ilusionado con esas tácticas, no saben, o no se tomaron el trabajo de informarse de que Fidel triunfó ayudado por el Departamento de Estado, y que sus principales guerrilleros estaban en Washington, y en la fantástica propaganda universal, que se dedicó, sin nada mejor que hacer, a convertir al Gangster de Birán, en una especie de Bolívar con añadiduras de Martí y Juan Montalvo.

Carlos Márquez-Sterling

La carta inmediata, la número 11, registra su reacción ante el asesinato del presidente americano Kennedy, y trae a colación la posibilidad de que Castro haya estado involucrado en el episodio.

11. ASESINATO DE KENNEDY

[Nueva York], 1 de Diciembre
Dr. Emilio Márquez y Loret de Mola.
Miami, Fla.

Estamos asistiendo a una tremenda etapa del mundo contemporáneo. El asesinato de Kennedy, a manos de un gangstercito medio loco, como sus congéneres de Cuba, es una de las cosas que más me ha conmovido, desde que estoy aquí. Yo no opinaba como [Kennedy] en casi ninguno de los problemas mundiales, y menos en el nuestro, pero le tenía abierta una carta de crédito porque imaginaba que él sabía lo que nosotros no sabíamos y no sabemos, y acaso jamás sabremos.

Tengo la seguridad de que la mano de Castro estaba metida hasta el codo, en este repugnante asesinato. No hace mucho ese loco delincuente, que está reclutando a los criminales del mundo entero, insultó a Kennedy, llamándole rufián, y diciendo a los pocos días que un suceso tremendo iba a conmover el mundo. Eso puede haber sido un aviso. Lo que ocurre es que los yanquis están ciegos, o han enterrado la cabeza en la arena, y no quieren ver lo que sucede a su alrededor. Ahora andan buscando un «rightist», como locos, para acusar a Oswald de estar en connivencia con las derechas, sin darse cuenta de que no hay derecha más brutal que el comunismo, ni «clue» más definitivo que lo que Oswald hacía en Nueva Orleans y fue a hacer a México.

Pero la derecha no es la guerra, sino la lucha interna, y el comunismo es la posibilidad de la guerra. Y ellos prefieren buscarse un lío interno que una batalla externa...
Carlos Márquez-Sterling

> *Es un hecho indiscutible que en la victoria de Castro el rotativo americano, el «New York Times», tuvo una participación importantísima. En el Capítulo IV, en las cartas #s 49, 50 y 51 se exponen las interferencias e intervencionismos de uno de sus reporteros, Herbert Mathews, en la crisis cubana. A continuación en la Carta # 12 Márquez-Sterling hace una semblanza de este tan dañino periódico para la libertad y el bien común de Cuba. Es conveniente apuntar que para 1964, fecha de la carta, ya Castro había cometido toda clase de horrores y atropellos contra el pueblo de Cuba que no justificaba el continuado apoyo del Times a la revolución castrista.*

12.   EL *NEW YORK TIMES*

[Nueva York] 26 de Mayo de 1964
[Sin Dirección y sólo con
«Mi querido Arturo». Parece ser
a A. Alfonso Roselló]

    La política de este maldito periódico, que tanto daño ha hecho a Cuba, ha sido la de defender al Monstruo por todo y ante todo. Anota el hecho de que el domingo pasado, en una crónica publicada en la página editorial, por Richard Eder, que está en la Habana, se lee este párrafo: «La diferencia entre Castro y Batista, es que Castro ha cometido errores económicos y Batista no; pero en cambio Castro no ha cometido errores políticos y Batista, sí». Es el colmo declarar que Castro no ha cometido errores políticos, es decir, que matar, confiscar y montar el Estado Policíaco más tremendo de América y de los demás continentes, incluyendo a Rusia y los países satélites, no ES UN ERROR. De acuerdo con esta aseveración!!! Inverosímil!!! Johnson es el comemierda más grande del mundo, y este país una recua de estúpidos que practican la libertad y la democracia.
Carlos Márquez-Sterling

En el documento a continuación, la carta # 13, Márquez-Sterling ensaya una estupenda definición del Comunismo en la que se pueden apreciar las influencias obtenidas de la experiencia cubana. Al respecto léase en el Capítulo IV las cartas números 23 y 24.

13.   EL COMUNISMO

[Nueva York], Agosto 5 de 1964
Sr. Salvador Díaz Versón.
Miami, Fla.

En lo que he leído me parece bien. Sobre todo el principio al definir el comunismo como la religión del mal. Yo creo que hay una filosofía más honda. Yo creo que el comunismo es la delincuencia común al servicio de la vocación de Poder de aquellas clases que no pueden alcanzarlo si no es matando, robando y asesinando. El comunismo tuvo su época romántica. Pero cuando salió de los gabinetes, ínfima minoría, opuesta contra el sentido de la naturaleza humana, se convirtió en una bandera negra y roja..., creando una nobleza, la del burócrata privilegiado, que sólo puede alcanzar y sostener el gobierno contrariando todo el sentido humanitario del cristianismo... Mientras le concedamos la categoría de idea o de doctrina social no haremos otra cosa que perder terreno. Hay males que son como el veneno en el aire, que matan sin sentirlo...

Carlos Márquez-Sterling

INSTANTÁNEAS

A continuación se ofrecen una serie de observaciones que denominamos «Instantáneas». La primera con el número 14 es sobre nuestro tercer presidente Mario G. Menocal [1913-1920]. La importancia de su juicio positivo sobre Menocal y su gobierno es que su padre, Don Manuel Márquez-Sterling, director del periódico «La Nación» denunció y se opuso a la brava electoral de 1916 haciéndole una enérgica oposición a Menocal. Esto le costó que cerraran el periódico y a su familia tener que pasar al exilio. No obstante, echando a un lado lo personal Márquez-Sterling supo avaluar imparcialmente la figura y el gobierno de Menocal.

14.   MARIO GARCÍA MENOCAL

[Nueva York], Sep. 3, 1971
Sr. José C. Gros M.D.
Memphis, Tenn.

Le diré que [Mario G.] Menocal fue un cubano de primera. Tuvo sus errores, y la reelección fue uno de ellos, tal vez el único, pero en lo demás, es una de las biografías que más nos honran. Era un hombre limpio, en lo privado y en lo público. Y su conducta en la guerra de Independencia y más tarde en los últimos años de la República fue ejemplar. Se lo dice quien le combatió desde sus años mozos, y jamás militó en el partido Conservador, ni en las alianzas que tuvieran en relación con la jefatura menocalista.

Carlos Márquez-Sterling

A una pregunta sobre la popularidad de Fidel Castro Márquez-Sterling responde que ésta se debió a una «amalgama difícil de caracterizar». El lo ve como una mezcla de la alegría de ver terminado el régimen de Batista y de miedo por los fusilamientos a granel. Esta mezcla produjo los famosos cartelitos de «Gracias Fidel» y otros. También es muy interesante aquí lo que Márquez-Sterling dice de la famosa manifestación religiosa católica de noviembre de 1959 que daba la medida de lo que sería el resultado de unas elecciones en aquel entonces. Carta 15.

15.   LA POPULARIDAD DE FIDEL CASTRO.

[Nueva York], Sep. 3, 1971
Sr. José C. Gros M.D.
Memphis, Tenn.

Sostengo mi tesis de que Castro nunca fue ídolo del pueblo de Cuba. Después del primero de enero el miedo y la alegría de haber salido de la situación anterior formaban una amalgama difícil de caracterizar. Pero no dominó la alegría, si no entre aquellos que iban a resultar beneficiarios del Poder, sino lo que se impuso fue el temor.

«Gracias Fidel» y «Esta es tu casa Fidel», eran mas bien escudos para la defensa que oriflamas para el elogio. Después vino la monstruosa manifestación religiosa que dio la medida de lo que serían unas elecciones en Cuba. Y a partir de ahí, el terror.

En cuanto a... la popularidad de Fidel, antes de bajar de la Sierra, yo le digo que lo era, naturalmente, pero no lo era tanto por él, como por el deseo de salir del Gobierno anterior, es decir de aquel a quien se combatía. Pero, en realidad, Fidel fue respaldado por los políticos que estúpidamente creían que al triunfar La Sierra se crearía una situación política y con nombrar a Fidel Jefe de la Policía ya todo estaba resuelto. Se equivocaron. Aun siguen equivocados.

Carlos Márquez-Sterling

La repentina muerte de Miguel Ángel de la Campa, amigo suyo y compañero de exilio le provocó la siguiente instantánea # 16.

16. UN DIPLOMÁTICO: MIGUEL ÁNGEL DE LA CAMPA

Nueva York, Agosto 23 de 1965
Sra. María Teresa de la Campa
Miami, Fla.

Estamos desolados con la noticia que acabamos de leer... el deceso de Miguel Ángel. Amigos de él desde no recordamos cuantos años, nos parece que eso no podía suceder, pues Miguel Ángel se había hecho para nosotros, y para todos los cubanos –aun para sus adversarios –una figura romántica de nuestra diplomacia que no nos podía faltar jamás.

Lo conocí yo apenas salido de las aulas universitarias, cuando aspiraba a representar a Cuba en un Congreso de Urbanismo, en el que él me dio todas las facilidades y me permitió espigar en ese campo donde tanto brillaron mis antecesores. Después a lo largo de mi vida pública, cada vez que tuve oportunidad de encontrarlo hallé al mismo hombre: una persona muy cordial, inteligente, constructivo, que sirvió siempre a su país con la mayor devoción y con sus mejores intenciones.

Carlos Márquez-Sterling

Las relaciones personales y políticas entre Carlos Prío y Márquez-Sterling siempre fueron muy cordiales. En el exilio llegaron a acuerdos fundamentales para formar el «Comité de Liberación», y la lucha por constituir el «Gobierno Cubano en el Exilio. [Véase el Capítulo V]. Este, sin embargo, después de un auspicioso comienzo no llegó a nada. En la carta # 17 da sus razones y lo achaca a que el ex presidente había perdido la vocación por el poder. En la 18 con reconocimiento le relata a su amigo Quiñones lo que Prío le había contado de su entrevista con Hubert Humphrey, famoso político americano y aspirante a la presidencia en 1968...

17. CARLOS PRÍO SOCARRÁS.

[Nueva York] Marzo 2 de 1964
Sin Nombre ni dirección
Prío ha dejado morir el «Comité de Liberación...» El actual problema de Cuba no le entra en la cabeza, como no le entró el que se planteó cuando Fidel estaba en las lomas. El haber sido ya presidente, lo perjudica, porque ha perdido la vocación del Poder...

Carlos Márquez-Sterling

18.
[Nueva York] Septiembre 19 de 1964
Sr. Humberto Quiñones
Miami, Fla
En cuanto a Prío... él me contó su entrevista con Humphrey y estuvo muy bien. Le paró los pies, al senador de Minnesota, cuando éste le dijo que para él Cuba era un peón en el juego internacional, diciéndole Prío: «Pues para mí es todo el tablero, y no le permito esas expresiones».

Carlos Márquez-Sterling

La carta número 19 es una instantánea de Pepín Bosch escrita cuando éste estaba en las labores para producir la unidad en el exilio a través de un referéndum que debía designar a los cubanos que constituirían una organización para liberar a Cuba.

19. PEPÍN BOSCH

[Nueva York] Abril 16, 1968
[Sin dirección ni nombre. Sólo
«Querido Yoyo»
[Jorge García Montes]

Es una lástima que el Sr. Bosch sea tan inestable con él mismo. Me visitó aquí en Nueva York, y debo confesarte que por lo inesperado de la visita, (pues cuando me dijeron de abajo que era Mr. Bosch pensé en todos los Bosch habidos y por haber menos en él) no me conduje en caja y dejé decirle algunas cosas que debía haberle dicho; pero quizás por eso mismo quedamos en la mayor armonía. Después, a los dos meses dio una vuelta en redondo; pensaba en «líderes» que nunca han sido líderes, y esa es la razón por la cual yo no fui a Miami, para no desentonar con lo que creí que iba a proponer que a mí me pareció erróneo. Pero no ha sucedido nada, y según tú me informas, ha abandonado el asunto. Es lástima, porque ama a Cuba, sufre por ella, y se gasta el dinero como ninguno de nuestros ricos, pero todavía no ha formado un juicio exacto de nuestro drama, de nuestra posición, ni de la persona que puede dirigir todo eso, ya que él sostiene que debe ser una sola persona con un gran entourage. En este caso no le falta razón.

Carlos Márquez-Sterling

Miguel Suárez Fernández fue constituyentista en 1940, representante, senador, y uno de los que redactaron el Código Electoral de 1943 que instituyó el voto directo presidencial que debía regir en las elecciones de 1944. Muchos consideran que Suárez Fernández fue uno de los arquitectos de la victoria de Grau San Martín en 1944 # 20.

20. MIGUEL SUÁREZ FERNÁNDEZ

[Nueva York] Enero 30 de 1968
Dr. José A. Suárez Fernández
Miami, Fla.

Muchísimas gracias por tu carta... al respecto de mi artículo sobre Miguel cuyo deceso me «choqueó» grandemente... Nuestra generación hizo mucho por Cuba, y en pocos años relativamente la elevó a un nivel donde aún no han podido llegar otros pueblos de América... Entiendo que de los hombres a quienes abrió camino la revolución de 1933, Miguel era uno de los más valiosos. Me parece estarlo viendo, de pie en su escaño, en la Cámara, con el hilo del micrófono enrollándose en uno de sus índices, al tiempo en que se dirigía a sus compañeros para orientar los que en muchos aspectos en que su talento le autorizaba a guiar a los demás. Su muerte ha sido una injusticia del destino.

Carlos Márquez-Sterling

La otrora popular y poderosa revista «Bohemia» se publicó en el exilio subvencionada bajo cuerda por una de las agencias del gobierno americano. Cuando estos fondos fueron interrumpidos Miguel Quevedo se trasladó a Venezuela para editar allí su revista En la instantánea # 21 Márquez-Sterling explica por que «Bohemia» no habría de tener éxito en su nueva aventura. Con esta instantánea léase también la semblanza 8 en este mismo capítulo.

21. MIGUEL ÁNGEL QUEVEDO

[Nueva York] Marzo 12 de 1963
Graham, N.C.

Quevedo parece que arregló sus problemas y va a sacar *Bohemia* en Caracas. No le auguro éxito. *Bohemia* como te decía, en mis anteriores, ha perdido sus lectores que eran los comuñangas e idiotas útiles de Latino América.

Carlos Márquez-Sterling

Miguel Coyula, veterano de la Guerra de Independencia, fue periodista, presidente de la Cámara de Representantes y un destacado paladín de la honradez administrativa. En la instantánea # 22 Márquez-Sterling hace una relampagueante descripción del patriota reglano que fue ejemplo y preceptor de todos aquellos que luchaban por adecentar la política cubana.

22. MIGUEL COYULA

Nueva York, 28 de diciembre de 1963
Dr. Humberto Quiñones
Miami, Fla.

Me alegro mucho de saber que van a constituir el Club «Miguel Coyula». Buen Patriota, buena cobija y buena orientación. Además Don Miguel era reglano.

Carlos Márquez-Sterling

La instantánea 23 es otro ejemplo de la constante campaña a favor de Castro que el «New York Times» siempre ha seguido. En ésta Márquez-Sterling pone de manifiesto una burda contradicción entre lo que su reportero Juan de Onís enviaba desde La Habana y lo que en realidad sucedía en la Isla.

23. JUAN DE ONÍS, REPORTERO DEL *N.Y.TIMES*

[Nueva York], Marzo 1 de 1964
Sin dirección ni nombre. Sólo
«Querido Humberto» [Humberto Quiñones]

El *New York Times*, de acuerdo con el último viaje de [Herbert] Mathews a Cuba, ha acreditado en Cuba, a las órdenes del Sátrapa Fidel Castro, al periodista Juan de Onís, hijo del conocido comunista español Federico de Onís. Este no envía al *Times* más que informaciones favorables al régimen, pintando la situación en Cuba, como si nada estuviera pasando en la Isla y como si aquello fuera una Arcadia feliz. Hace días mientras en las crónicas de Onís se describía a Fidel Castro como un libertador universal, que elogiaba a Winston Churchill en la misma plana más abajo, en un cable desde la Habana, se informaba que ese día habían fusilado, después de un consejo sumarísimo, a varios cubanos, que no están de acuerdo con las pinturas de Juan de Onís...

Carlos Márquez-Sterling

Una vez más el incorregible periódico «anti libertad en Cuba», el «New York Times» agita la atención de Márquez-Sterling en la instantánea 24.

24. EL *NEW YORK TIMES*

[Nueva York], Marzo 1 de 1964
Sin Dirección ni nombre, sólo
«Querido Humberto» lo que
indica que fue a H. Quiñones.

Es inconcebible que el New York Times que destacó la situación de Batista como una tiranía insoportable y que lo atacó despiadadamente, por cualquier tontería, oculte al mundo libre la sangrienta tiranía de Fidel Castro, el hombre que no ha cesado de matar un solo día desde que se subió a la Sierra Maestra.

Carlos Márquez-Sterling

La instantánea que sigue, la 25 es sobre el Partido Auténtico Revolucionario en el exilio. Ella es demostrativa de las enormes divisiones que existían en el exilio, «cuando éste», como afirma Márquez-Sterling «no tiene más que un programa; rescatar a Cuba del comunismo».

25. EL PARTIDO AUTÉNTICO EN EL EXILIO

[Nueva York] 1 Febrero de 1964
Dr. Valentín González
Los Angeles, Calif.

Los Auténticos (y perdóname, porque tú lo fuiste) siempre han vivido bajo el signo del divisionismo. Gran partido surgido de una revolución juvenil y reformista, matizada de algo comunista, era lógico que en Cuba viviera erizada de espinas y de criterios opuestos. Pero que ahora mantengan esa posición divisionista interna no tiene explicación. Porque el exilio no tiene más que un programa –rescatar a Cuba del comunismo– y en eso todos debían estar de acuerdo. Además, porque sus jefes, en Cuba, que estaban de acuerdo, –y apoyaron casi todos a Castro–, han discrepado aquí en el exilio. ¿Por el control del partido? Pues han errado; porque mientras no rescatemos a Cuba no habrá partido, ni habrá República. Es el gran daño que le hacen a los cubanos de allá y a los de aquí, con esas divisiones, por un control que no existirá mientras no recuperemos el país.

Carlos Márquez-Sterling

Una de las cosas más irritantes para los exiliados cubanos siempre ha sido el uso peyorativo que los medios de difusión en los Estados Unidos hacen de las etiquetas de «leftist» (izquierdista) y «rightist» (derechista) cuando describen las simparías o el sentir político de los cubanos que se oponen al régimen de Castro. En la instantánea que sigue, la 26, Márquez-Sterling aborda la cuestión con su incisiva lógica.

26.   IZQUIERDAS Y DERECHAS

[Nueva York] 29 de diciembre de 1963
Dr. Octavio Costa
Los Angeles, Calif

Hablar hoy de las izquierdas y derechas no tiene sentido. Por un lado no hay más que derechas. Por el otro no hay más izquierdas. El término medio, en un mundo, donde todo es fuerza, y violación del derecho, es idiota. ¿Cómo es posible que me demuestren que Krusschev es izquierda y De Gaulle derecha? Al menos en Rusia, los liberales son los que combate al régimen comunista. Sin embargo, en América EE.UU se incurre en la imbecilidad de llamar conservadores a los que defienden la libertad.

Carlos Márquez-Sterling

En lo que Márquez-Sterling ha llamado «el caso Dreyfuss de Cuba», el libro sobre Cuba del historiador Hugh Tomas ha sido uno de los más influyentes en perpetuar las mentiras, la desinformación sobre Cuba y los cubanos. En un pasaje sobre la república, el libro está tan mal hecho, que Thomas confunde a Don Manuel Márquez-Sterling con Carlos. En la siguiente instantánea # 27, Márquez-

Sterling, que sabe por informaciones recibidas, que los informadores de Thomas habían sido los propios cubanos, comenta «la tendencia inverosímil de los cubanos» a denigrarse ellos mismos.

27.   HUGH THOMAS Y SU LIBRO «CUBA...».

[Nueva York], Sep. 3, 1972
Sr. José C. Gros M.D.
Memphis, Tenn.

Precisamente, por esa tendencia inverosímil, de los cubanos, de desmerecerse unos a otros, el libro que acaba de publicar Hugh Thomas, de 1,600 páginas, titulado «Cuba» – un libro de los más perversos y positivamente imperialista– se dice que Máximo Gómez era sanguinario y que Martí odiaba a los americanos. Si tenemos en cuenta quienes fueron sus principales informadores, que deben haber sido cubanos, sacaremos el ovillo por el hilo. Ese libro que he oído celebrar increíblemente, quizás por los que hablan por bocas de gansos, es un compendio pormenorizado de todos los chismes y habladurías de nuestros últimos tiempos. Hasta la acusación a Grau de haber engañado a su hermano se encuentra ahí. Y por otra parte, cuando se refiere a algunas personas importantes, agrega que si son hijos naturales o legítimos, como si esos detalles tuvieran algo que ver con los acontecimientos que nos han hecho perder a nuestra patria.

Carlos Márquez-Sterling

Durante toda su actuación política en Cuba, en el Congreso, o en posiciones del ejecutivo, Márquez-Sterling siempre fue un decidido partidario de propender al bienestar de los menesterosos y de los que sufrían injusticias. En el exilio nada le molestaba tanto como la discriminación racial en los Estados Unidos. Por esto él siguió muy de cerca el movimiento por la igualdad en derechos y en contra de la discriminación de las personas de color. Así que, cuando algunos de sus compatriotas criticaban a Martin Luther King y a los que le seguían acusándolos de comunistas, Márquez-Sterling solía replicar. «Yo apoyo esa causa porque a mí Castro no me va a hacer racista». La instantánea que sigue, la 28 es un patente ejemplo de como pensaba al respecto sobre King.

28. MARTIN LUTHER KING

[Nueva York] Abril 12 1968
[Sin dirección ni nombre. Sólo
«Muy querido Alfredito»

Pero el verdadero bombazo... ha sido el asesinato del Dr. y Reverendo... Martin Luther King. ¿Qué hay detrás de todo eso? ¿Quién sabe...? El hombre valía horrores, era un gran orador, culto, erudito; tenía una voz sonora y emotiva, y cuajaba en gran categoría, pero el movimiento se le había ido de la mano, y lucía últimamente muy irritado. Ojalá que su muerte ilumine a los que, diciendo que no son violentos, no dejan de ejercitarla a todas horas. Porque esto... está oscuro y... huele a queso.

Carlos Márquez-Sterling

La siguiente instantánea número 29 en realidad no necesita comentario alguno. Baste decir que es ilustradora de la ignorante arrogancia del personaje y del por qué la política americana sobre Cuba en el último medio siglo ha sido tan desastrada.

29. HENRY KISSINGER

Nueva York, Marzo 11 de 1974
Sr. D. Carlos M. Aquino
Miami, Fla.

Con respecto al nuevo Metternich [Henry Kissinger] opino lo mismo... por haberlo experimentado. Tuve un episodio con ese señor que me dio la medida de lo que sería, y está siendo, con motivo de un *memorándum* que me pidieron en su nombre, y que él descartó en total, diciendo que él sabía de Cuba más que yo...

Carlos Márquez-Sterling

Con respecto a Cuba, el Senador William Fullbrigh fue un caso típico de la doble cara. Para la galería liberal defendía a la revolución de Castro. En privado, en los conciliábulos de Arkansas que lo elegían al senado, era todo lo contrario. En esta instantánea número 30, Márquez-Sterling pierde toda su paciencia con el tipo.

30. SENADOR WILLIAM FULLBRIGHT

Nueva York, Mayo 12 de 1966
[Dr. Jorge García Montes
[Sin dirección postal]

Habrás leído las declaraciones de Fulbright en el *Miami Herald*. ¡Qué estúpido! Hace tiempo yo le dediqué un artículo titulado el «Contradictorio Mr. Fullbright», en el que decía que mientras era conservador en Arkansas, se las daba de liberal en el Norte, para mezclar ambas actitudes y sentirse comunista en el fondo, desde que no había podido lograr que lo designaran Secretario de Estado. Ahora merecería un artículo más duro. Diciéndole lo que se merece. Que no es ni «Full», ni Bright, porque no es completo ni brillante, aunque bien visto podía serlo en imbecilidad y despecho.

Carlos Márquez-Sterling

Durante los primeros años del exilio existía en la fauna cubana del exilio un tipo llamado «Fidelista Arrepentido». A continuación en la #31 Márquez-Sterling se refiere a un típico caso.

31. EL «FIDELISTA ARREPENTIDO»

Nueva York, Abril 17 de 1964.
[Sólo «Mi querido Costa»]

Leí la entrevista que le hiciste al Contador, alumno mío que fue. Veo que te ha informado mal. Fue miembro del 26 de Julio. Pedía paredón como quien pide vasos de agua. Y fue él... quien a título de miembro del 26, dio una tremenda brava en el Colegio de Contadores, en Cuba. No creo que sea comunista. Pero fue de los que se amalgamaron para que no hubiera elecciones y no hubiera voto... Pero en fin, allá él con su conciencia y nosotros con la nuestra... En cuanto a que esos caballeros restauren la democracia en Cuba es dudoso...

Carlos Márquez-Sterling

En la instantánea 32 que sigue encontramos otra variedad del «fidelista arrepentido».

32. OTRA VARIEDAD DEL «FIDELISTA ARREPENTIDO»

[Nueva York, Diciembre 5 de 1963.
Dr. Humberto Quiñones
Miami, Fla.

Fui a un almuerzo de cubanos... y topé allí [con] un jovencito criollo, que dijo tantas estupideces, abordó temas tan idiotamente, y declaró que él estaba satisfecho con lo que había sucedido en Cuba, y no pensaba regresar más a esa islita de «políticos ladrones», que me hizo daño la comida. Conste, que permanecí mudo todo el tiempo. Con una frase pude haber acabado aquella antipatriótica y dañina conferencia, donde estaban presentes sudamericanos, pues el tal muchacho es hijo de uno de esos supuestos ladrones, en su caso no tan supuesto. Pero realicé un esfuerzo tan grande y sudé tanto entre el «heat» y aquel discurso, que al salir cogí un enfriamiento y un dolor de espalda que me obligó a meterme en cama y estar a dieta hasta hoy que te escribo.

Carlos Márquez-Sterling

En la instantánea número 33 Márquez-Sterling, frente a los nuevos cubanos salidos con la revolución de Castro, se declara prácticamente incapaz de comprenderlos.

33.   ¿UN NUEVO CUBANO?

[Sin fecha ni lugar]
Mr. Willy De Blank
Miami, Fla.

En muchas oportunidades, el cubano, sin saber cómo, ni por qué, se mostraba contra Cuba llenándola de improperios y arrastrando a sus mejores hijos por el suelo. Era la época en que los resentidos por su independencia, de lo cual hay muchos zopilotes, en el 26 de julio, y en la inmensa legión de cerebros lavados... Yo francamente no entiendo, no acabo de entender este proceso, porque los cubanos jamás se mordieron el dedo, y ahora se han comido las dos manos.

Carlos Márquez-Sterling

34.
[Nueva York] Julio 7, 1967
Sr. Armando Lemus Castillo
Santo Domingo, Rep D.

Por otra parte, el cubano que nunca pierde su buen humor, le llama a los marxistas, «sarampionados», al fusilamiento diario, «menear la tiñosa» y a los nuevos y tremendos esbirros, a los que se califican de implacables, «tracatán», por el uso indiscriminado y asesino que hacen de las ametralladoras.

Carlos Márquez-Sterling

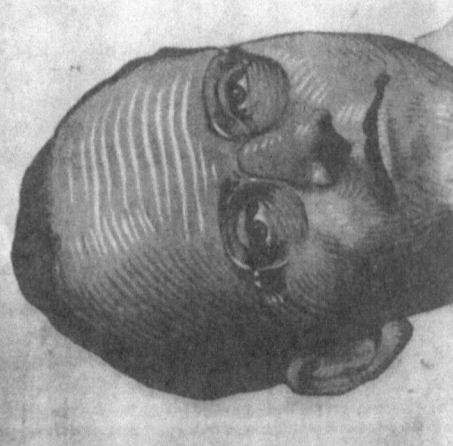

Parte superior del Pasquín electoral publicado en el *Diario de la Marina*. En el mismo Márquez-Sterling exhortaba a los cubanos a unirse a su campaña para salvar la democracia cubana. [Véase también pag. 174.]

VII

EL FUTURO

...Cuba volverá a ser Cuba.
Carlos Márquez-Sterling
Carta a Sergio Carbó
Washington, Febrero 16 de 1967

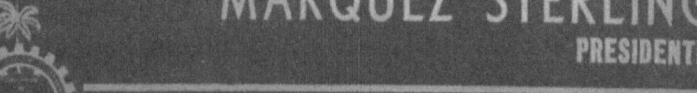

INTRODUCCIÓN

No es frecuente encontrar en las miles de cartas que Márquez-Sterling escribiera en el exilio una que no contenga un párrafo o unas apretadas líneas en que no se refiera a muchos aspectos del futuro de su patria. El tono de estas cartas, si bien siempre enraizadas en el realismo político que lo caracterizaba recorren, sin embargo, como el de cualquier otro exiliado cubano, toda la gama anímica del pesimismo al optimismo más esperanzado. Él solía llamar a esto, «el termómetro de su estado anímico».

Las Cartas

A continuación se incluyen trece cartas en las que Márquez-Sterling se refiere a la liberación o no de Cuba; a su reconstrucción y su reeducación futura; al futuro rol de él y de su generación; a que clase de hombre tendría que ser el que gobernara a Cuba, y a la hoy candente cuestión de que si el régimen castro-comunista habrá de sobrevivir la muerte o el derrocamiento de Castro.

La carta número 1 fechada en 1961 responde a las condiciones que reinaban en el exilio al tiempo de ser escrita. Al llegar al exilio en el verano de 1959, Márquez-Sterling se encontró que los cubanos lejos de estar unidos contra el enemigo común se habían traído con ellos sus divisionismos y sus viejas polémicas que en Cuba habían hecho posible el triunfo de Castro. A esto ahora había que añadir las interferencias de la Casa Blanca que través de sus agencias de gobierno lejos de propender a una unificación de los distintos grupos y partidos contribuía con sus subvenciones y sus preferencias políticas a desunirlos aún más. Obsérvese también que la misiva 1 fue escrita unos meses después del desastre de Bahía de Cochinos que había sembrado en el exilio el más profundo malestar y pesimismo. No en balde su frase en la carta de «que nunca saldremos de este abismo en que hemos caído...» Tómese también nota de aquella frase de que «se sometían al que los tiranizó desde el principio», que es una referencia a lo que se comenta en los documentos 4, 5, 8, y 12 del Capítulo IV. Su pesimismo aquí también está relacionado con lo que escribiera su padre sobre el futuro de Cuba que a través de todo este largo proceso de la lucha contra Castro en Cuba y en el exilio siempre le acompañó. Carta # 38, último párrafo, Capítulo III.

1.
Nueva York, Diciembre 28, de 1961.
Dr. Néstor Carbonell
[Sin dirección]

A veces me asaltan visiones terribles, como las que me asaltaban en Cuba, cuando luchábamos contra la incubación del monstruo que nosotros descubrimos desde el principio y me figuro que nunca saldremos de este abismo en que hemos caído, en que no nos queda ni el consuelo de ser todos cubanos en el destierro, [y] donde aún hay imbéciles que no han medido las enormes distancias de esta lucha, como no midieron ayer las proporciones del error que cometían cuando renunciaban a su propia fisonomía y se sometían al que los tiranizó desde el principio, sin que se atrevieran a bajarse de un tren donde el que se montaba no tenía redención.

Carlos Márquez-Sterling

A veces un suceso, o una información en la prensa de como estaba la situación interna en Cuba le animaban para pensar que el final no se haría de esperar por mucho tiempo. Sin embargo, pasado este momento optimista de su termómetro anímico, Márquez-Sterling confrontando las realidades existentes retomaba su verdadero, constante y realista juicio sobre la problemática del regreso y el final del régimen. La carta número 2 escrita dos años más tarde que la anterior confirma sus peores premoniciones: el regreso es cosa de muchos años que los mayores de edad como él quizás no verían. Y ¿por qué? Pues por el divisionismo en el exilio, que él identificaba como el «esquinazo», y la política de los americanos a quienes con frecuencia solía identificar con ironía de «los grandes y buenos amigos». Con su frase de «proteger a sus enemigos» Márquez-Sterling se refiere a aquellos que en Cuba habían sido antiyanquistas rabiosos, pero que el baño en el Jordán revolucionario les eximía de pasadas afiliaciones políticas.

2.
[Nueva York] Febrero 19 de 1963
Dr. Miguel Baguer
Miami, Fla.

No estoy apuntado en estos últimos tiempos a los que ven «en la esquina» la libertad de Cuba. Creo en ella, porque no hay cosas que puedan perdurar, por ellas mismas, la nuestra es de esas. Sin embargo, la liberación cubana, y «el regreso al pasado», como tú me pides que insista en el tema, es cosa de años, de muchos años, que quizás no veamos los mayores de edad. Se ha perdido mucho tiempo. Ha habido mucho esquinazo. Los grandes y buenos amigos están empeñados en proteger a los enemigos en tanto los amigos nada podemos hacer...
Carlos Márquez-Sterling

Ya en 1963, muchos años antes de que sus compatriotas así lo realizaran, Márquez-Sterling había reconocido que el más grave problema de la Cuba futura no era material ni económico, sino moral, o sea que Castro en tan corto tiempo había destruido la conciencia nacional y era ésta la que había que reconstruir. Carta # 3.

3.
[Estas líneas están en una carta que parecen ser
una respuesta a una entrevista de prensa o radial.
No aparece a quién está dirigida y sin fecha]

Yo entiendo que la recuperación económica y material de Cuba no es difícil, si todos ponemos manos a la obra... Lo que veo sumamente difícil y largo es la reconstrucción moral de Cuba. No hay una sola familia cubana que no haya sido herida por el comunismo, y que no tenga un muerto que reclama justicia. Esa reconstrucción moral será obra de los años y de la reconquista de la conciencia nacional.
Carlos Márquez-Sterling

En la carta que sigue, # 4 Márquez-Sterling insiste en que la reconstrucción moral de Cuba, la que nos llevaría a recuperar la conciencia nacional, está por encima de todas otras consideraciones. Es muy interesante observar que en su criterio esta pacificación moral debía comenzar en el exilio, antes de usar las armas, ya que, como se puede ver en la carta # 3 en el Capítulo IV, era su

> *opinión de que ya en Cuba, mucho antes de ganar Castro la fraternidad había desaparecido, y que esto continuaba en el exilio. Los cubanos habían perdido «el culto a la nación» por el odio entre ellos.*

4.
[Nueva York] Abril 17 de 1964
Sr. Wifredo Álvarez del Real
Pa.

La reconstrucción de Cuba, después de la caída de esa bestia salvaje... es en sus primeros momentos más económica y social que política; y en último término, es decir, como fuente principal de pacificación, más moral que otra cosa. De ahí que ahora haya que guardar lanzas y sables, picas y lansquenetes, para construir el espíritu de unidad y después usar las armas.

Carlos Márquez-Sterling

> *La carta que sigue aunque no se identifica a quien está dirigida por el texto de la misma es evidente que está escrita a su amigo de muchos años Miguel Suárez Fernández. Es una de sus más realistas ya que en la misma, en 1964, se da perfecta cuenta de lo que el castrismo representaba en Cuba: que los hombres de su generación, ya habían pasado a la historia y que la política como los cubanos la habían conocido había terminado sino para siempre sí por «muchísimos» años. Esta apreciación chocaba abiertamente con las ambiciones de muchos de sus contemporáneos que aun acariciaban aspiraciones presidenciales. Carta # 5.*

5.
[Nueva York] Diciembre 21 de 1964
[Sin dirección ni nombre. Sólo:
«Mi querido Miguel» [Miguel Suárez Fernández]

En Cuba aunque se recupere vendrá una lucha de grupos excluyéndose a tiros y cañonazos. Y ni tú ni yo, Miguel, servimos para eso. Aparte de que nuestra edad no nos permitiría ese tipo de combate... Ninguno de nosotros sirve para jefe de pandillas. Yo me río de ver como hay ingenuos que creen que van a ser presidentes en un mundo que necesita un puño de hierro, si es que no vamos para Cuba con doscientos mil marines los que pondrán al hombre. Y colijo que ese no será ningún hombre del pasado. Los símbolos se acabaron. La subversión ha calado muy hondo. Y Cuba necesita reeducarse. Pero eso no lo veremos nosotros. Nuestra generación dividida, esquilmada, apática, y «razonadora» pasó a la historia... La política se terminó en Cuba por muchísimos años.

Carlos Márquez-Sterling

La idea o el concepto de que debido a las circunstancias existentes en el exilio la recuperación de Cuba iba a ser un proyecto de muchos años está implícita en esta carta #6. Casi abandonadas las esperanzas de volver a ver a su patria Márquez-Sterling se remonta a la historia de Cuba para buscar ilusiones y esperanzas. Así nos dice que «al fin y al cabo» los cubanos, «como sucedió en el 95» podrán entonces «legarle» a sus nietos una patria libre. Obsérvese aquí una vez más el uso de la palabra «legarle». (Al respecto véase en el Capítulo III, la carta 4.

6.
Washington, Febrero 26 de 1967
Sr. Sergio Carbó
Miami, Fla.

Me hago la ilusión de que al fin y al cabo, como sucedió en el 95, los cubanos escuchen la voz del sentido común y del patriotismo y abracen estrechamente, jurando por sobre los mares y sobre la cordillera andina, que Cuba volverá a ser Cuba, y que podremos legarles a nuestros nietos, porque ya hasta nuestros hijos están muy crecidos y en el destierro igualmente, una patria libre y soberana.

Carlos Márquez-Sterling

Los que lo conocieron personalmente saben muy bien que las aspiraciones y ambiciones políticas de Márquez-Sterling más que personales siempre estuvieron motivadas por un sincero deseo de serle útil a su patria y servir a su pueblo. Esta cualidad de separar o subordinar el «yo» a intereses patrios le dejaba ver con perfecta claridad no sólo lo que estaba en el tapete del momento sino como éste se proyectaba hacia el futuro. Sus esperanzas de porvenir personal político ya no existen, como nos dice en la carta 7. Sus deseos futuros, si Cuba se rescatara, lo que ve a largo plazo, son reintegrarse a sus actividades privadas de historiador y letrado. ¿Quiénes serían entonces los que gobernarían a Cuba?

7.
[Nueva York] Enero 3, 1968
Dr. Rafael Guas Inclán.
Miami, Fla.

Por lo que respecta a Cuba, no he perdido las esperanzas de su rescate, pero no tengo ninguna respecto de nuestro porvenir personal. Han pasado muchos años y esos años nos han caído encima con un peso abrumador y lleno de realidades imposible de dejar de reconocer... Por otra parte ellos [los americanos] tienen decidido que los que gobiernen a Cuba, cuando les sea posible recuperarla en la zona de su influencia, no seamos ninguno de nosotros, sino los que, con Castro, impulsaron la revolución, y ya ninguno de nosotros tiene edad para una tirada tan larga. Mi deseo es retirarme, en cuanto se recupere la patria, y dedicarme, en lo que pueda, a escribir y si me quedan fuerzas a ejercer mi carrera de abogado que tanto me gustaba y que no abandoné nunca...

Carlos Márquez-Sterling

> *Más enfáticas aun son las cartas #s 8 y 9. En ellas rechaza que él pudiera ser «presidente de tránsito» ya que según él el hombre del futuro está adentro y no afuera, y que si el régimen fuera destruido por los americanos podría ser diferente pero nunca para él y su generación. Ahora sus ambiciones de futuro son las de cualquier otro ciudadano cubano en su vejez: las de su adorada tierra y su familia. Sin embargo, en la 9 su abnegado amor por su patria ruge desde lo más profundo de su ser: «Para Cuba siempre en pie».*

8.
[Nueva York] Feb. 7, 1968
Dr. Rafael Guas Inclán
Miami, Fla.

No tengo la menor duda de que Cuba se recuperará, pero no para las antiguas dirigencias. Tu generoso pensamiento de que yo puedo llegar a ser presidente de tránsito es hijo de tus buenos deseos... Creo que el hombre del futuro no está en el destierro sino en la Isla... es allá donde van a liquidar a Castro... y su liquidación tiene una importancia tan enorme que el que la realice se engrandecerá de tal manera que a su lado no podrá crecer nadie más. Desde luego, todo esto son especulaciones... Si los americanos decidieran rescatar a Cuba el cuadro sería distinto, pero tampoco para nosotros... Dentro de ello nosotros podremos ser de nuevo «nosotros», pero no el ápice...

Carlos Márquez-Sterling

9.
[Nueva York] Enero 31, 1969
Dr. Juan J. Remos
Miami, Fla.

Para Cuba siempre en pie. Para las ambiciones ya no. Para eso me siento cansado, muy cansado. Nuestros compatriotas tienen un gravísimo defecto: la envidia, y yo desgraciadamente, siempre levanté montañas. No deseo ni ambiciono para el futuro más que mi tierra y mi familia. De luchas personales y de braceos en pos de posiciones, nada. Todo tiene su fin en la vida. Esto le demostrará lo bien preparado que estoy para recibir al que tenga el empeño ciclópeo de conducir el exilio y devolvernos, con los de allá y los de aquí, lo que es el sueño dorado de mi vejez: la patria.

Carlos Márquez-Sterling

Habiéndose formado durante los primeros años de la República en un hogar que por la profesión de periodista de su padre, vio pasar a los grandes y pequeños de nuestra política, Márquez-Sterling era una rica enciclopedia viviente de anécdotas y jugosas historias. Es una lástima que nunca se sentara a escribir sus memorias, que de seguro hubiera incluido un pintoresco panorama de aquellos que constituían la fauna pública de tiempos ya idos para siempre. En su correspondencia privada se encuentran algunas de estas historias que desgraciadamente en su mayoría se llevara con él a la otra dimensión. Carta # 10.

10.
[New York] Marzo 14, 1969
Mr. José R. Pérez
Miami, Fla.

No quieras para mí, cuando se libere Cuba (ojalá sea pronto) la presidencia. Ese cargo tiene años, y yo ya pasé de esa edad. Recuerdo que a Don Enrique José Varona le llegó el cargo a los 76 años y lo declinó. Cuando Aurelio Álvarez le dijo: Pero Dr. Clemenceau dirigí la guerra mundial a los 89, Varona lleno de dulzura, le contestó: «Es que los años en el Trópico hay que contarlos dobles». Y yo te digo Chelín que los de hoy hay que sumarlos tres veces.

Carlos Márquez-Sterling

> *La gran interrogante que hoy por hoy confrontan todos los cubanos y muchos observadores internacionales, la de la supervivencia del régimen de Castro a su muerte o derrocamiento, ya se la planteaba Márquez-Sterling en 1971. Carta número 11. Para él, el régimen estaba destinado a desaparecer con Fidel o sin Fidel. Con él por su muerte natural o asesinado, y sin él ya que su sucesor, quisiera o no, por la fuerza de la Historia, tendría que emprender una inevitable revisión de las enormidades cometidas contra Cuba y los cubanos bajo su barbárico mando. Naturalmente como él con su certera visión nos advertía, todo esto en una Cuba totalmente distinta a la que los cubanos de antes habían conocido.*

11.
[Nueva York] 2 de Julio de 1971.
Sr. Ricardo Riaño Jáuma
Miami, Fla

Fidel es sólo él un régimen, que habrá de desaparecer con él o sin él. A veces la Historia nos tiene reservados esos aspectos, que sólo viéndolos pueden parecernos reales. Naturalmente, estos trece años, a nosotros que los sufrimos nos parecen siglos, pero no son nada en la Historia de los pueblos. Finalmente, las aguas volverán por donde «dil»... Naturalmente, en una etapa distinta a todas las anteriores.

Carlos Márquez-Sterling

> *Y, ¿cómo serían los gobernantes de Cuba después de la desaparición del régimen castrista? ¿Qué pasaría entonces? Dejemos que él en la carta # 12 nos lo diga:*

12.
[Nueva York], Septiembre 11, 1971
Sr. Giraldo A. Bordabeheres
Chicago, Ill.

En cuanto a los primeros gobernantes, después del comunismo, entiendo que dependerá de la forma en que se termine aquello. No creo que Estados Unidos tome una intervención directa sino a través de la OEA... Si por otra parte el derrumbe es producido dentro de Cuba (como me inclino a pensarlo, ahora o mañana, o pasado mañana) con ayuda del exterior, la lucha de grupos será inevitable, como pasó en México a la caída de Madero, hasta que apareció el hombre fuerte que dominó. Pero todo esto es muy difícil de preveer. Hay que contar con los imponderables, que en la Historia de Cuba, no han dejado de presentarse...

No le arriendo las ganancias a los que sean escogidos para gobernar la Isla a la caída de Castro. Tendrá que ser un verdadero mago, un gigante de la buena fe, de la bondad coordinada con una enérgica mano derecha y una suave mano izquierda, para atizar por un lado y restañar por el otro.

Carlos Márquez-Sterling

¿Y pasará todo esto al fin?
13.
Nueva York, Noviembre 12, 1967.
Sr. Aurelio G. Dulzaides
Miami, Fla.

Pero todo se andará en su día, y volveremos a ser libres.

Carlos Márquez-Sterling

La última foto de Carlos Márquez-Sterling a la edad de 92 años tomada por Pedro Machado Castro en Miami, unas semanas antes de su deceso en 1991. Todavía al tanto de las luchas por la libertad de Cuba y con la expresión de satisfecha serenidad del que sabe que siempre cumplió con su patria y sus compatriotas, y con su mirada clavada en el futuro sapiente, como él siempre decía, que: «Todo se andará en su día, y volveremos a ser libres».

ÍNDICE ONOMÁSTICO

Adam Silva, Ricardo 43, 44
Agramonte, Ignacio 29, 48, 57,172, 175
Aguirre. Horacio 84, 106, 112
Aldama, Miguel de 145
Alemán, Miguel 157
Almeida, Juan 99, 108
Alonso Pujol, Guillermo 43, 48,
63, 64, 98, 122, 123
Alvarado, Julio 114, 115
Álvarez del Real, Wifredo 208
Álvarez Torres, Alfredo 89
Álvarez, Aurelio 47
Ameijeiras, Efigenio 99
Aragón, Gustavo de 171
Auténtico, Partido 17, 27, 85, 93, 195
Batista, Fulgencio 16-18, 26-28,
35-38, 59, 63, 64, 68, 75-88, 90, 91, 93,
95, 96, 98, 100, 104-107, 112-115,
117-120, 124, 128, 21, 284, 308, 71, 738, 91, 789, 5
Benes, Bernardo 147
Benítez, Manuel 171
Carbonell Andricaín, Néstor 62,
74, 102, 206
Castro Ruz, Fidel 16-21, 27-29,
35-38, 47, 49, 59, 65, 69, 76-81, 83-88,
90, 92, 93, 95, 96, 98-101, 103-109, 111,
113, 114, 116-121, 123-126, 128, 129,
131-134, 137-140, 146, 148, 149,
151-154, 157, 159, 162, 166, 167, 170,
173, 176-179, 185-187, 189, 194-197,
205, 207, 208, 210, 212, 213
Castro, Ángel 176
Castro, Juanita 158, 159
Castro, Manolo 176
Castro, Raúl 86
Chibás, Eduardo 27, 59-61, 63, 76, 178
Chibás, Raúl 95, 105, 122, 178
Convención Constituyente de 1940
.... 6, 11-14, 26, 39, 42, 53, 58, 59, 64
Cortina, José Manuel 13, 65, 171
Cunha, Vasco Leitao da . 20, 152-154,
161-163, 166-168

De Gaulle, Charles 196
Díaz Bazas, A. 49, 180
Díaz Ordaz, Gustavo 157, 158
Díaz Versón, Salvador 188
Diviñó, Luis Octavio 58
Dolz, Ricardo 52
Dreyfuss, A. 119, 196
Duarte, capitán 103
Dubois, Jules 178
Dulzaides, Aurelio G. 147, 170, 213
Duque de Estrada, Noah 140
Duquesne, Carlos 152-154, 158, 162, 166, 168
Eder, Richard 187
Elizalde, Pío 94
Estrada Palma, Tomás 29, 48, 50, 82, 172, 175, 179
Fabela, Isidro 154
Fabricio, Roberto 124
Facio, Gonzalo 90
Fe, Ernesto de la 147-149
Fernández Caral 176
Fernández, Fernández 59
Fernández, Wifredo 181, 182
Ferrara, Orestes 14, 25, 47, 56-59
Ferrer Gutiérrez, Virgilio 49, 89
Fowler, Raoul 64
Frayle, Carlos 26
Fullbrigh, William 198, 199
García Menocal, Mario .. 13, 25, 189
García Montes, Jorge 60, 171, 192, 199
García Sifredo, Armando 65, 66
García, Calixto 46
Giro, Emilio 104
Gómez Ochoa, Delio 122
Gómez, José Miguel 54, 57
Gómez, Juan Gualberto 47, 180
Gómez, Lionel 116
Gómez, Máximo .. 45, 46, 48, 70, 197
Gómez, Miguel Mariano 26
Gondomar, Braulio 171

González Cuesta, Mario 143
González del Valle 129
González, Miguel 47, 80
González, Valentín 195
Goodwin, Richard 162
Goulart, Joao 149, 150
Grau San Martín, Ramón 13, 17, 26, 27, 60, 62, 63, 68, 87,104, 106, 118,128,197
Gros, José C. 189, 197
Guas Inclán, Rafael 54, 62, 67, 73, 95, 109, 132, 146, 171,182, 183, 210
Guevara, Ernesto (Che) 69, 108
Guiral, Dolores (Lolita) 70
Guiral, Domingo 15, 44
Hernández Catá, Alberto ... 152, 171
Hernández Catá, Uva .. 102, 103, 117, 154
Hernández Lovio, Alfredo 125
Hernández Paseiro 179
Hernández, Eusebio 51
Herodoto 175
Herrera, Alfredo E. 50, 107, 179
Hornedo, Alfredo 63, 184, 185
Huertas, Enrique 171
Hull, Cordell 68
Humphrey, Hubert 191
Johnson, Lyndon B. ... 149, 159, 161, 162, 187
Jones, Carlos 147
Kennedy, John F. .. 116, 117, 119, 142, 149, 186
King, Martin Luther 197, 198
Laredo Bru, Federico 13, 64
Loret de Mola 48
Loret de Mola, Carlos 48
Maceo, Antonio 46
Machado, Gerardo 25, 59, 60, 82, 105, 181-183
Mann, Thomas 20, 150, 152, 159, 161, 162

Martí, José . 21, 22, 25, 29, 46, 49, 70, 100, 101, 137, 166, 172, 175, 186, 197
Martínez Alegría, José 170
Martínez Fraga, Antonio ... 129, 171

Martínez Márquez, Guillermo 153, 154, 161, 163, 168
Matthews, Herbert 16
Miró Cardona, José 86, 90, 91
Mola, Carlos 15, 43, 44
Mola, Enrique 15, 44, 45
New York Times 16, 26, 119, 123, 173, 187, 194, 195
Partido del Pueblo Libre .. 11, 13, 16, 17, 28, 74, 76, 90, 94, 102, 103, 107, 130
Partido Ortodoxo 17, 27, 60, 61, 76, 77, 93, 177, 178, 183
Prío, Carlos 19, 63, 85, 134, 137, 150-154, 156, 157, 159, 161-163, 165-170, 191
Quevedo, María 144
Quevedo, Miguel Ángel 183, 184, 193
Quiñones, Humberto 108, 170, 171, 173, 179, 183, 184, 191,194, 195, 200
Rafael Díaz Balart 20
Rafael Guas Inclán . 54, 62, 67, 73, 95, 109, 132, 146, 171, 182, 183, 210
Ramírez, Carlos 178
Ramírez, Eladio 96, 99, 103, 126, 140, 144, 171
Ravines, Eudocio 152, 171
Ray, Manuel 152, 162
Remos, Juan J. ... 15, 44, 70, 170, 211
Rey, Santiago 14, 84, 185
Riaño Jáuma, Ricardo 212
Ribo, Luis S. 135
Rico y Cancio, Manuel 54
Rivero Agüero, Andrés 18, 115
Rivero Setién, Manuel 58
Rivero, José Ignacio 171
Rivero, José Ignacio (Pepín) 51, 152, 171
Robespierre, Maximiliano 125
Rodríguez García 46
Rodríguez, Ángel Chichi 53
Rodríguez, Carlos Rafael 86
Romeu, Antonio María 55
Ros, Enrique 185
Roselló, Arturo Alfonso ... 60, 63, 69, 70, 112, 113, 117, 187
Ruffo, Titta 69

Rusk, Dean 154, 161
Ruz, Lina 177
Saco, José Antonio 19
Saladrigas, Carlos 182
Salaya, César 52
Sánchez Arango, Aureliano ... 51, 54,
                163, 165, 168, 171
Sanguily, Julio 15
Sanguily, Manuel 44, 46
Santovenia, Emeterio 48
Sevilla Sacasa, Guillermo .. 114, 161
Smith, Earl T. 93, 105, 122
Sorí-Marín, Humberto 178
Sorondo, Máximo 147
Sosa de Quesada, Arístides 143
Suárez Fernández, José 193
Suárez Fernández, José A. 193
Suárez Fernández, Miguel ... 59, 192,
                193, 208
Suárez Lomba 129
Suárez Solar, Gabriel 93
Tapia, Guillermo 59
Thomas, Hugh 196, 197
Urrutia Lleó, Manuel . 85-88, 92, 156,
                158, 159, 162
Utset, Bernardo 171
Valdés, Pelayo F. 61, 94
Varela Zequeira 48
Varona, Enrique José 211, 212
Varona, Esperanza B. de 31
Varona, Lesbia 31
Varona, Manuel Antonio de ... 20, 85,
              153, 154, 159, 161, 168
Vega Ceballos, Víctor 99
Venereo, Evaristo 176
Vigoa Feliciano 131
Vila, Ricardo 129
Villiers, Gerardo de ... 46, 47, 52, 96
Welles, Summer 68
    Zaldivar, Manuel 111
    Zavala Ortiz 161
    Zayas, Alfredo ... 46, 47, 49, 59,
              131, 180, 181
    Zaydín, Ramón 62, 64, 183
    Zuleta Ángel, Eduardo 178

Zuleta, Eduardo 178

Otros libros publicados por Ediciones Universal en la
COLECCIÓN CUBA Y SUS JUECES

0359-6	CUBA EN 1830, Jorge J. Beato & Miguel F. Garrido
046-1	CUBA Y LA CASA DE AUSTRIA, Nicasio Silverio Saínz
048-8	CUBA, CONCIENCIA Y REVOLUCIÓN, Luis Aguilar León
119-0	JALONES DE GLORIA MAMBISA, Juan J. E. Casasús
1336-2	ANTECEDENTES DESCONOCIDOS DEL 9 DE ABRIL, Ángel Aparicio Laurencio
165-4	VIDAS CUBANAS - CUBAN LIVES.- (2 vols.), José Ignacio Lasaga
207-3	MEMORIAS DE UN DESMEMORIADO-Leña para el fuego de la historia de Cuba, José García Pedrosa
211-1	HOMENAJE A FÉLIX VARELA, Sociedad Cubana de Filosofía
243-X	LOS ESCLAVOS Y LA VIRGEN DEL COBRE, Leví Marrero
274-X	JACQUES MARITAIN Y LA DEMOCRACIA CRISTIANA, José Ignacio Rasco
293-6	HISTORIA DE LA ODONTOLOGÍA EN CUBA / 4 vols: (1492-1983), César A. Mena
3122-0	RELIGIÓN Y POLÍTICA EN CUBA DEL SIGLO XIX, Miguel Figueroa
353-3	LA GUERRA DE MARTÍ (La lucha de los cubanos por la independencia), Pedro Roig
361-4	EL MAGNETISMO DE JOSÉ MARTÍ, Fidel Aguirre
374-6	GRAU: ESTADISTA Y POLÍTICO (Cincuenta años de la Historia de Cuba), Antonio Lancís
376-2	CINCUENTA AÑOS DE PERIODISMO, Francisco Meluzá Otero
379-7	HISTORIA DE FAMILIAS CUBANAS (9 vols.), Francisco Xavier de Santa Cruz
411-4	LOS ABUELOS: HISTORIA ORAL CUBANA, José B. Fernández
413-0	ELEMENTOS DE HISTORIA DE CUBA, Rolando Espinosa
425-4	A LA INGERENCIA EXTRAÑA LA VIRTUD DOMÉSTICA, Carlos Márquez Sterling
426-2	BIOGRAFÍA DE UNA EMOCIÓN POPULAR: EL Dr. Grau, M. Hernández-Bauzá
428-9	THE EVOLUTION OF THE CUBAN MILITARY (1492-1986), Rafael Fermoselle
431-9	MIS RELACIONES CON MÁXIMO GÓMEZ, Orestes Ferrara
437-8	HISTORIA DE MI VIDA, Agustín Castellanos
458-0	CUBA: LITERATURA CLANDESTINA, José Carreño
461-0	HISPANIDAD Y CUBANIDAD, José Ignacio Rasco
466-1	CUBAN LEADERSHIP AFTER CASTRO, Rafael Fermoselle
479-3	HABLA EL CORONEL ORLANDO PIEDRA, Daniel Efraín Raimundo
483-1	JOSÉ ANTONIO SACO, Anita Arroyo
490-4	HISTORIOLOGÍA CUBANA /5 vols./ (1492-2000), José Duarte Oropesa
502-1	MÁS ALLÁ DE MIS FUERZAS, William Arbelo
510-2	GENEALOGÍA, HERÁLDICA E HIST.DE NUESTRAS FAMILIAS, Fernando R. de Castro

514-5	EL LEÓN DE SANTA RITA, Florencio García Cisneros
516-1	EL PERFIL PASTORAL DE FÉLIX VARELA, Felipe J. Estévez
518-8	CUBA Y SU DESTINO HISTÓRICO. Ernesto Ardura
532-3	MANUEL SANGUILY. HISTORIA DE UN CIUDADANO, Octavio R. Costa
553-6	EL TRABAJADOR CUBANO EN EL ESTADO DE OBREROS Y CAMPESINOS, Efrén Córdova
558-7	JOSÉ ANTONIO SACO Y LA CUBA DE HOY, Ángel Aparicio
7886-3	MEMORIAS DE CUBA, Oscar de San Emilio
569-2	ELENA MEDEROS (Una mujer con perfil para la historia), María Luisa Guerrero
577-3	ENRIQUE JOSÉ VARONA Y CUBA, José Sánchez Boudy
586-2	SEIS DÍAS DE NOVIEMBRE, Byron Miguel
589-7	DE EMBAJADORA A PRISIONERA POLÍTICA: ALBERTINA O'FARRILL, Víctor Pino
592-7	DOS FIGURAS CUBANAS Y UNA SOLA ACTITUD, Rosario Rexach
598-6	II ANTOLOGÍA DE INSTANTÁNEAS, Octavio R. Costa
06-0	CRISIS DE LA ALTA CULTURA EN CUBA/INDAGACIÓN DEL CHOTEO, Jorge Mañach
608-7	VIDA Y MILAGROS DE LA FARÁNDULA DE CUBA (5 vols.), Rosendo Rosell
617-6	EL PODER JUDICIAL EN CUBA, Vicente Viñuela
620-6	TODOS SOMOS CULPABLES, Guillermo de Zéndegui
624-9	HISTORIA DE LA MEDICINA EN CUBA (2 v.), César A. Mena y Armando Cobelo
626-5	LA MÁSCARA Y EL MARAÑÓN (Identidad nacional cubana), Lucrecia Artalejo
645-1	FÉLIX VARELA: ANÁLISIS DE SUS IDEAS POLÍTICAS, Juan P. Esteve
648-6	DEMOCRACIA INTEGRAL, Instituto de Solidaridad Cristiana
679-6	LOS SEIS GRANDES ERRORES DE MARTÍ, Daniel Román
680-X	¿POR QUÉ FRACASÓ LA DEMOCRACIA EN CUBA?, Luis Fernández-Caubí
682-6	IMAGEN Y TRAYECTORIA DEL CUBANO EN LA HISTORIA I (1492-1902), Octavio R. Costa
689-3	A CUBA LE TOCÓ PERDER, Justo Carrillo
690-7	CUBA Y SU CULTURA, Raúl M. Shelton
703-2	MÚSICA CUBANA: DEL AREYTO A LA NUEVA TROVA, Cristóbal Díaz Ayala
706-7	BLAS HERNÁNDEZ Y LA REVOLUCIÓN CUBANA DE 1933, Ángel Aparicio
713-X	DISIDENCIA, Ariel Hidalgo
715-6	MEMORIAS DE UN TAQUÍGRAFO, Angel V. Fernández
718-0	CUBA POR DENTRO (EL MININT), Juan Antonio Rodríguez Menier
719-9	DETRÁS DEL GENERALÍSIMO (Biografía de Bernarda Toro de Gómez «Manana»), Ena Curnow
721-0	CUBA CANTA Y BAILA (Discografía cubana), Cristóbal Díaz Ayala
723-7	YO, EL MEJOR DE TODOS (Biografía no autorizada del Che Guevara), Roberto Luque Escalona

730-X	CUBA: JUSTICIA Y TERROR, Luis Fernández-Caubí
738-5	PLAYA GIRÓN: LA HISTORIA VERDADERA, Enrique Ros
740-7	CUBA: VIAJE AL PASADO, Roberto A. Solera
743-1	MARTA ABREU, UNA MUJER COMPRENDIDA Pánfilo D. Camacho
745-8	CUBA: ENTRE LA INDEPENDENCIA Y LA LIBERTAD, Armando P. Ribas
747-4	LA HONDA DE DAVID, Mario Llerena
752-0	24 DE FEBRERO DE 1895: UN PROGRAMA VIGENTE, Jorge Castellanos
756-3	LA SANGRE DE SANTA ÁGUEDA (Angiolillo/Betances/Cánovas), Frank Fernández
760-1	ASÍ ERA CUBA (Como hablábamos, snetíamos y actuábamos), Daniel Román
765-2	CLASE TRABAJADORA Y MOVIMIENTO SINDICAL EN CUBA / 2 vols.: 1819-1996), Efrén Córdova
768-7	LA INOCENCIA DE LOS BALSEROS, Eduardo de Acha
773-3	DE GIRÓN A LA CRISIS DE LOS COHETES: La segunda derrota, Enrique Ros
786-5	POR LA LIBERTAD DE CUBA (una historia inconclusa), Néstor Carbonell Cortina
792-X	CRONOLOGÍA MARTIANA, Delfín Rodríguez Silva
794-6	CUBA HOY (la lente muerte del castrismo), Carlos Alberto Montaner
795-4	LA LOCURA DE FIDEL CASTRO, Gustavo Adolfo Marín
796-2	MI INFANCIA EN CUBA: LO VISTO Y LO VIVIDO POR UNA NIÑA CUBANA DE DOCE AÑOS, Cosette Alves Carballosa
798-9	APUNTES SOBRE LA NACIONALIDAD CUBANA, Luis Fernández-Caubí
803-9	AMANECER. HISTORIAS DEL CLANDESTINAJE (La lucha de la resistencia contra Castro dentro de Cuba), Rafael A. Aguirre Rencurrell
804-7	EL CARÁCTER CUBANO, Calixto Masó y Vázquez
808-X	RAZÓN Y PASIÓN (25 años de estudios cubanos), Instituto de Estudios Cubanos
814-4	AÑOS CRÍTICOS: Del camino de la acción al camino del entendimiento, Enrique Ros
821-7	THE MARIEL EXODUS: TWENTY YEARS LATER. A STUDY ON THE POLITICS OF STIGMA AND A RESEARCH BIBLIOGRAPHY, Gastón A. Fernández
823-3	JOSÉ VARELA ZEQUEIRA (1854-1939); SU OBRA CIENTÍFICO-LITERARIA, Beatriz Varela
828-4	BALSEROS: HISTORIA ORAL DEL ÉXODO CUBANO DEL '94 / ORAL HISTORY OF THE CUBAN EXODUS OF '94, Felicia Guerra y Tamara Álvarez-Detrell
831-4	CONVERSANDO CON UN MÁRTIR CUBANO: CARLOS GONZÁLEZ VIDAL, Mario Pombo Matamoros
832-2	TODO TIENE SU TIEMPO, Luis Aguilar León
838-1	8-A: LA REALIDAD INVISIBLE, Orlando Jiménez-Leal
840-3	HISTORIA ÍNTIMA DE LA REVOLUCIÓN CUBANA, Ángel Pérez Vidal

848-9	PÁGINAS CUBANAS tomo I, Hortensia Ruiz del Vizo
851-2	APUNTES DOCUMENTADOS DE LA LUCHA POR LA LIBERTAD DE CUBA, Alberto Gutiérrez de la Solana
860-8	VIAJEROS EN CUBA (1800-1850), Otto Olivera
861-6	GOBIERNO DEL PUEBLO: OPCIÓN PARA UN NUEVO SIGLO, Gerardo E. Martínez-Solanas
866-7	NATUMALEZA CUBANA, Carlos Wotzkow
868-3	CUBANOS COMBATIENTES: peleando en distintos frentes, Enrique Ros
869-1	QUE LA PATRIA SE SIENTA ORGULLOSA (Memorias de una lucha sin fin), Waldo de Castroverde
874-8	POR AMOR AL ARTE (Memorias de un teatrista cubano 1940-1970), Francisco Morín
875-6	HISTORIA DE CUBA, Calixto C. Masó. Nueva edición al cuidado de Leonel de la Cuesta, ampliada con índices y cronología de la historia de Cuba hasta 1992.
876-4	CUBANOS DE DOS SIGLOS: XIX y XX. ENSAYISTAS y CRÍTICOS, Elio Alba Buffill
880-2	ANTONIO MACEO GRAJALES: EL TITÁN DE BRONCE, José Mármol
882-9	EN TORNO A LA CUBANÍA (estudios sobre la idiosincrasia cubana), Ana María Alvarado
886-1	ISLA SIN FIN (Contribución a la crítica del nacionalismo cubano), Rafael Rojas
891-8	MIS CUATRO PUNTOS CARDINALES, Luis Manuel Martínez
901-9	40 AÑOS DE REVOLUCIÓN CUBANA (El legado de Castro), Efrén Córdova, Editor
907-8	MANUAL DEL PERFECTO SINVERGÜENZA, Tom Mix (José M. Muzaurieta)
908-6	LA AVENTURA AFRICANA DE FIDEL CASTRO, Enrique Ros
910-8	MIS RELACIONES CON EL GENERAL BATISTA, Roberto Fernández Miranda
926-4	GUANTÁNAMO Y GITMO (Base naval de los Estados Unidos en Guantánamo), López Jardo
929-9	EL GARROTE EN CUBA, Manuel López Valdés (Ed. Humberto López Cruz)
931-0	EL CAIMÁN ANTE EL ESPEJO. Un ensayo de interpretación de lo cubano, Uva de Aragón (segunda edición revisada y ampliada)
934-5	MI VIDA EN EL TEATRO, María Julia Casanova
937-x	EL TRABAJO FORZOSO EN CUBA, Efrén Córdova
939-6	CASTRO Y LAS GUERRILLAS EN LATINOAMÉRICA, Enrique Ros
942-6	TESTIMONIOS DE UN REBELDE (Episodios de la Revolución Cubana 1944-1963), Orlando Rodríguez Pérez
944-2	DE LA PATRIA DE UNO A LA PATRIA DE TODOS, Ernesto F. Betancourt
945-0	CRONOLOGÍA HISTÓRICA DE CUBA (1492-2000), Manuel Fernández S.
946-9	BAJO MI TERCA LUCHA CON EL TIEMPO. MEMORIAS 1915-2000, Octavio R. Costa
949-3	MEMORIA DE CUBA, Julio Rodríguez-Luis

951-8	LUCHAS Y COMBATES POR CUBA (MEMORIAS), José Enrique Dausá
953-1	JOSÉ AGUSTÍN QUINTERO: UN ENIGMA HISTÓRICO EN EL EXILIO CUBANO DEL OCHOCIENTOS, Jorge Marbán
955-8	NECESIDAD DE LIBERTAD (ensayos-artículos-entrevistas-cartas), Reinaldo Arenas
956-6	FÉLIX VARELA PARA TODOS / FELIX VARELA FOR ALL, Rabael B. Abislaimán
957-4	LOS GRANDES DEBATES DE LA CONSTITUYENTE CUBANA DE 1940, Edición de Néstor Carbonell Cortina
965-5	CUBANOS DE ACCIÓN Y PENSAMIENTO, Octavio R. Costa
968-x	AMÉRICA Y FIDEL CASTRO, Américo Martín
974-4	CONTRA EL SACRIFICIO / DEL CAMARADA AL BUEN VECINO / Una polémica filosófica cubana para el siglo XXI, Emilio Ichikawa
975-2	VOLVIENDO LA MIRADA (memorias 1981-1988), César Leante
979-5	CENTENARIO DE LA REPÚBLICA CUBANA (1902-2002), William Navarrete y Javier de Castro Mori, Editores.
980-9	HUELLAS DE MI CUBANÍA, José Ignacio Rasco
982-5	INVENCIÓN POÉTICA DE LA NACIÓN CUBANA, Jorge Castellanos
983-3	CUBA: EXILIO Y CULTURA. / MEMORIA DEL CONGRESO DEL MILENIO, Asociación Nacional de Educadores Cubano-Americanos y Herencia Cultural Cubana. Julio Hernández-Miyares, Gastón Fernández de la Torriente y Leonardo Fernández Marcané, Editores
987-6	NARCOTRÁFICO Y TAREAS REVOLUCIONARIAS. EL CONCEPTO CUBANO, Norberto Fuentes
988-4	ERNESTO CHE GUEVARA: MITO Y REALIDAD, Enrique Ros
991-4	CARUCA (1917-2000), Octavio R. Costa
995-7	LA MIRADA VIVA, Alberto Roldán
8-000-6	LA POLÍTICA DEL ADIÓS, Rafael Rojas
8-006-5	FIDEL CASTRO Y EL GATILLO ALEGRE. LOS AÑOS UNIVERSITARIOS, Enrique Ros
8-011-1	REFLEXIONES SOBRE CUBA Y SU FUTURO, Luis Aguilar León (3ª.edición revisada y ampliada)
8-014-6	AZÚCAR Y CHOCOLATE. HISTORIA DEL BOXEO CUBANO, Enrique Encinosa
8-022-7	CONTEXT FOR A CUBAN TRANSITION. Ernesto F. Betancourt
8-025-1	EL FIN DE LA IDIOTEZ Y LA MUERTE DEL HOMBRE NUEVO, Armando P. Ribas
8-026-x	LA UMAP: EL *GULAG* CUBANO, Enrique Ros
8-027-8	LA CUBA ETERNA, Néstor Carbonell Cortina
8-028-6	CONTRA VIENTO Y MAREA. PERIODISMO Y ALGO MÁS (Memorias de un periodista 1920-2000), José Ignacio Rivero
8-035-9	CUBA: REALIDAD Y DESTINO. PRESENTE Y FUTURO DE LA ECONOMÍA Y LA SOCIEDAD CUBANA, Jorge A. Sanguinetty
8-038-3	MUJERES EN LA HISTORIA DE CUBA, Antonio J. Molina
8-043-x	MIS MEMORIAS, Mario P. Landrían M.D.
8-045-6	TRES CUESTIONES SOBRE LA ISLA DE CUBA, José García de Arboleya
8-047-2	LA REVOLUCIÓN DE 1933 EN CUBA, Enrique Ros
8-046-4	P'ALLÁ Y P'ACÁ, Mario G. De Mendoza III

www.ingramcontent.com/pod-product-compliance
Lightning Source LLC
Chambersburg PA
CBHW030518080526
44586CB00011B/245